本书是国家社会科学基金教育学2018年度一般课题“改革开放40年来我国教育学术影响力的大数据实证研究”（BGA180054）的最终成果。

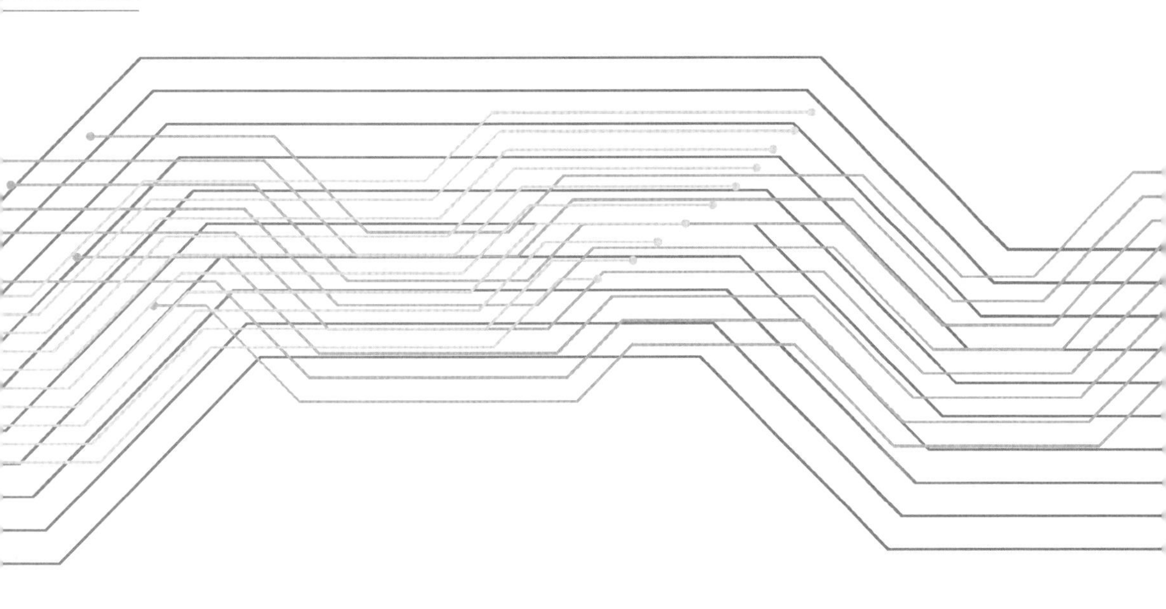

中国的教育学研究（1978-2020）

以部分领域与指标为例

安静　赵志纯　王有春　著

中国社会科学出版社

图书在版编目（CIP）数据

中国的教育学研究：1978－2020：以部分领域与指标为例／安静，赵志纯，王有春著．—北京：中国社会科学出版社，2023.8
ISBN 978－7－5227－2196－5

Ⅰ．①中…　Ⅱ．①安…　②赵…　③王…　Ⅲ．①教育学—研究—中国—1978－2020　Ⅳ．①G40

中国国家版本馆 CIP 数据核字（2023）第 122997 号

出 版 人　赵剑英
责任编辑　高　歌
责任校对　李　琳
责任印制　戴　宽

出　　版　中国社会科学出版社
社　　址　北京鼓楼西大街甲 158 号
邮　　编　100720
网　　址　http://www.csspw.cn
发 行 部　010－84083685
门 市 部　010－84029450
经　　销　新华书店及其他书店

印刷装订　三河市华骏印务包装有限公司
版　　次　2023 年 8 月第 1 版
印　　次　2023 年 8 月第 1 次印刷

开　　本　710×1000　1/16
印　　张　10.5
插　　页　2
字　　数　143 千字
定　　价　59.00 元

目　录

第一章　中国教育学术研究的成长轨迹

第一节　问题的提出

学术研究是一种具有创造性及系统性的工作（劳动），以增加知识存量或者把现有知识创造性地应用于解决实际问题为目的，包括人类知识、文化知识以及社会知识。[①] 文本形式的学术研究成果主要有学术专著、期刊论文、学位论文等，学术期刊是传播知识、进行学术交流的窗口，[②] 期刊论文则是科研成果输出和呈现的主要载体。[③] 以期刊论文为切口与抓手，就某一学科领域的学术研究发展历程进行整体性的回顾与分析，对该学科加强科学的自我认知，进一步朝向高质量内涵式发展具有十分重要的意义。

从方法论这一宏观维度进行划分，对某一学科领域中的学术研究进行回顾与分析，主要可以分为定性方法与定量方法两大类；其中，文献计量和信息可视化即是一种有效的学术研究回顾分析的定量方

---

① OECD，*Frascati Manual* 2015：*Guidelines for Collecting and Reporting Data on Research and Experimental Development*，*The Measurement of Scientific*，*Technological and Innovation Activities*，Paris：OECD Publishing，2015，p. 44.

② 钟文娟：《〈教育与经济〉1985—2009 年核心作者测定与分析》，《教育与经济》2011 年第 1 期。

③ 张军、慕慧鸽：《中德国立科研机构高被引论文核心作者特征状况研究》，《情报杂志》2016 年第 2 期。

法。进入21世纪以来，已有学者较早地注意到了这种方法在教育学术领域中的可能应用前景，并对其进行了较为详细的介绍与评论。[①] 近年来，在中国教育学界，部分学者运用此方法展开了若干相关研究，取得了一些研究成果。

有学者对中国教育学术研究的阶段性回溯进行了初步的尝试：基于八种教育学期刊对中国进入21世纪头十年（2000—2009年）的教育研究热点领域和前沿主题进行了计量分析。[②] 由于时间、精力方面的限制，诸如这种对整个教育学术领域进行回溯分析的研究毕竟相对较少，更多的研究者则是就某一具体的分支领域、研究主题、学术刊物而展开。

从分支领域来看，已有的相关研究主要涉及了教育政策学、教育经济学、高等教育学、学前教育学、教育技术学等。祁占勇等以1443篇文献为样本，绘制了中国1985—2015年教育政策研究领域的热点知识图谱[③]；胡顺顺等选取了318篇文献，对中国教育经济学领域2011—2015年的热点问题进行了回溯[④]；赵志纯等以26260篇文献为样本，对中国高等教育领域1980—2019年的学术研究进行了计量分析[⑤]；张媛等选取了4505篇文献，对中国学前教育学领域1994—2012年的载文进行了计量分析及可视化呈现[⑥]；陈巧云等以

---

① 安雪慧：《教育研究的文献计量法》，《上海教育科研》2000年第4期。

② 潘黎、王素：《近十年来教育研究的热点领域和前沿主题——基于八种教育学期刊2000—2009年刊载文献关键词共现知识图谱的计量分析》，《教育研究》2011年第2期。

③ 祁占勇、陈鹏、张旸：《中国教育政策学研究热点的知识图谱》，《教育研究》2016年第8期。

④ 胡顺顺、刘志民：《中国教育经济学研究的热点问题追溯——基于〈教育与经济〉（2011—2015）相关数据的文献计量分析》，《教育与经济》2016年第4期。

⑤ 赵志纯、何齐宗、安静、陈富：《中国高等教育学术研究的演变与发展趋势（1980—2019）——基于对六个CSSCI高等教育源刊的大数据分析》，《高等教育研究》2020年第4期。

⑥ 张媛、蔡建东：《中国学前教育研究二十年——基于〈学前教育研究〉的文献计量分析》，《学前教育研究》2014年第1期。

19147 篇文献为样本，对中国教育技术学领域 1988—2012 年的研究热点与趋势进行了回溯[①]。这些研究丰富了各个不同分支领域中的分析成果。

从研究主题来看，已有的相关研究主要涵盖了教师教育研究[②]、教学论研究[③]、公费师范生研究[④]、创业教育研究[⑤]、学习科学研究[⑥]、教育督导研究[⑦]、华文教育研究[⑧]、研究生教育研究[⑨]、教育实证研究[⑩]等。从对学术刊物的研究分析来看，主要包括了《江苏高教》[⑪]《中国高等教育》[⑫]《教育科学》[⑬] 等。由于篇幅有限，此处不

---

① 陈巧云、李艺：《中国教育技术学三十年研究热点与趋势——基于共词分析和文献计量方法》，《开放教育研究》2013 年第 5 期。

② 李泮泮、于晓敏：《中国教师教育研究的文献计量分析（2000—2012 年）》，《教师教育研究》2014 年第 3 期。

③ 朱德全、杨鸿：《新时期教学论研究的现状与走向》，《教育研究》2009 年第 3 期。

④ 王庭照、许琦、栗洪武、李录志：《中国师范生免费教育研究热点的领域构成与拓展趋势——基于 CNKI 学术期刊 2007—2012 年文献的共词可视化分析》，《教育研究》2013 年第 12 期。

⑤ 王志强、杨庆梅：《中国创业教育研究的知识图谱——2000—2016 年教育学 CSSCI 期刊的文献计量学分析》，《教育研究》2017 年第 6 期。黄兆信、李炎炎、刘明阳：《中国创业教育研究 20 年：热点、趋势与演化路径——基于 37 种教育学 CSSCI 来源期刊的文献计量分析》，《教育研究》2018 年第 1 期。

⑥ 尚俊杰、裴蕾丝、吴善超：《学习科学的历史溯源、研究热点及未来发展》，《教育研究》2018 年第 3 期。

⑦ 李鹏、朱德全、肖桐：《中国教育督导研究的现状与走势：文献计量分析的观点》，《上海教育科研》2016 年第 9 期。

⑧ 朱宇、蔡武：《华文教育研究的热点主题与演进趋势——基于 CSSCI（1998—2017）的文献计量与知识图谱分析》，《厦门大学学报》（哲学社会科学版）2019 年第 2 期。

⑨ 梁静、任增元：《中国研究生教育研究进展的文献计量分析》，《现代教育管理》2015 年第 12 期。陈新忠、张亮：《中国研究生教育质量研究的轨迹、现状及热点——基于 1986—2016 年 CNKI 期刊的文献计量与内容分析》，《现代教育管理》2018 年第 6 期。

⑩ 朱军文、马银琦：《教育实证研究这五年：特征、趋势及展望》，《华东师范大学学报》（教育科学版）2020 年第 9 期。

⑪ 高田钦、平和光：《〈江苏高教〉的学术影响力透视——基于人大复印资料〈高等教育〉（1995—2015）相关数据的比较研究》，《江苏高教》2015 年第 5 期。

⑫ 高田钦、张凡：《〈中国高等教育〉50 年载文的文献计量和知识图谱分析（1965—2015 年）》，《中国高等教育》2015 年第 22 期。

⑬ 高耀、刘志民：《从 CSSCI 看〈教育科学〉近年来的学术影响力——基于 2002—2008 年度的文献计量分析》，《教育科学》2010 年第 3 期。

再一一展开。

通过对已有研究的梳理与回顾可以发现，当前已经多维度地开展了不少研究，在一定程度上丰富了中国教育研究领域中的历程回溯成果。尽管如此，在先前研究的基础上，后续研究尚存诸多提升空间。第一，从视野宽度上来讲，已有文献对整个教育学术领域进行整全性回溯分析的研究较为匮乏，更多的研究者则是就某一具体的分支领域、研究主题、学术刊物而展开，这就使得研究相对局部化、碎片化，缺乏统揽性的整合。第二，从年份跨度上来看，已有研究的样本年份跨度相对较短，很多研究建基于十年左右的区间片段，这不利于透视全貌与整体趋势。第三，从样本源头的学术刊物覆盖面上来讲，由于时间、精力、技术等方面的限制，已有成果相对稀缺能够覆盖整个核心教育学术刊物的全面回溯研究。有鉴于此，本研究拟针对上述三点问题进行推进。本书以中国大陆地区教育学 37 种 CSSCI 学术刊物为文本对象[①]，以 1980—2020 年为考察周期，展开大数据计量分析，尝试勾勒出四十余年来中国教育学术研究的时代衍变轨迹，探讨其发展趋势，力争为中国教育学术研究的进一步高质量内涵发展提供参考。

第二节　研究方法与设计

一　方法思路

第一，主要采用元研究径路和科学计量分析方法。元研究（Meta-research）是指以科学的研究活动和研究结果为对象而进行的再研究，亦称为研究的研究。[②] 科学计量学（Scientometrics）是研究科学活动、科学生产力，以及科学进步的评价和比较的科学，它将处理数

① 此处未包括中国台湾、香港特别行政区和澳门特别行政区，特此说明。

② 张道民：《元研究与反思方法及其在软科学研究中的地位和作用》，《中国软科学》1991 年第 3 期。

据资料的方法应用于科学学研究。[①] 科学计量学具有定量化、以有形科学信息为对象、应用性强等特点。[②] 本书将以中国教育学术研究为对象，借助科学计量学的方法展开元研究。

第二，主要以大数据为基础进行科学计量分析。大数据是一切可以通过现代信息技术记录和量化的数据，不仅蕴含的信息量巨大，而且不受各种框框的限制。与传统抽样方法获得的局部数据相比，由于大数据的大体量与多样性，样本不足以呈现的某些规律，大数据可以体现；样本不足以捕捉的某些弱小信息，大数据可以覆盖；样本中被认为异常的值，大数据得以认可。这将极大地提高我们认识现象的能力。[③] 本研究获取的论文数据时间跨度长——40 余年（1980—2020 年），用于研究的有效论文数量大——接近 20 万篇，具备大数据的特征。

二　研究设计

本章聚焦 20 世纪 80 年代以来至今中国教育研究的成长历程，以学术论文为分析对象，以当前中国社会科学引文索引 CSSCI 中（不含扩展版）的教育学所有 37 种刊物为论文来源范围，从中国知网（CNKI）全面收集这 37 种期刊 1980 年至 2020 年的所有文章共计 216849 篇，剔除非学术性文章之后[④]，共计得到用于分析的有效论文 193486 篇。

在数据库的管理与分析软件使用方面，对所有 193486 篇有效论文的计量指标与信息，统一采用 SPSS（V22.0 版）与 Excel（2013 版）对数据信息进行管理与多元统计分析。此外，还综合运用了文

① 马凤：《国内外科学计量学的比较研究》，博士学位论文，武汉大学，2012 年，第 21 页。

② 邱均平、赵蓉英、董克编著：《科学计量学》，科学出版社 2016 年版，第 3 页。

③ 李金昌：《大数据与统计新思维》，《统计研究》2014 年第 1 期。

④ 非学术性文章的剔除方面，主要剔除了诸如“来稿须知”“学位论文提要”“会议综述”“年度总目录”“广告”“简讯”等非学术性文章，另外，把所有增刊中的论文也予以剔除。

献分析软件 Bibexcel（2016 版）以及共词聚类分析软件 Pajek（5.14 版）进行分析与可视化呈现。

三　变量信度

社会科学研究中，变量往往由若干个指标构成，因此，需要采用复合测量（Composite Measure of Variable），即基于一项以上指标资料的测量[①]。在本研究中，对于学术质量、学术合作协同性、学术影响力这个三个变量，均选取了若干指标进行评定，因此，它们都具有复合测量的特征。复合测量的科学性主要通过信度来体现。

信度（Reliability）是指测量工具所得结果的一致性或稳定性。在信度评估中，最为常见的是科隆巴赫系数（Cronbach's Alpha）[②]。科隆巴赫系数也称内部一致性系数、α 系数，用以衡量复合测量各指标整体上是否拟合良好。另外，在本研究的 α 系数计算中，由于各个指标的单位与取值范围不尽相同，不宜直接使用原始数据进行计算，而是通过换算为标准分即 Z 分数之后计算而得。表 1－1 显示，各变量在复合测量中的信度评定均良好[③]，说明指标选取合理，通过这些指标对各变量进行复合测量评估具有科学性与可行性。

表 1－1　　　　各变量复合测量的信度情况一览

	指标数量	α 系数	信度评定
学术质量	3	0.74	佳
学术合作协同性	3	0.65	尚佳
学术影响力	2	0.82	甚佳

① ［美］艾尔·巴比：《社会研究方法》，邱泽奇译，华夏出版社 2009 年版，第 153、154 页。

② 吴明隆：《问卷统计分析实务——SPSS 操作与应用》，重庆大学出版社 2010 年版，第 238 页。

③ 吴明隆：《问卷统计分析实务——SPSS 操作与应用》，重庆大学出版社 2010 年版，第 244 页。

第三节　研究结果与分析

一　中国教育研究的总体成长曲线与阶段划分

对于中国教育研究的发展曲线，采用年度刊均发文量这一指标进行刻画。年度刊均发文量是指一年内一个学科若干核心期刊发表的学术论文总篇数的平均值。该指标在已有的研究中已经有所使用,① 是一个反映学术体量大小的指标，能够较好地体现一个学科领域的学术研究发展走势。如图 1－1 所示，中国教育研究的年度刊均发文量从最初 1980 年的 53. 3 篇，发展为 2020 年的 175. 9 篇，提升到原来的 3. 3 倍，体量显著增加。

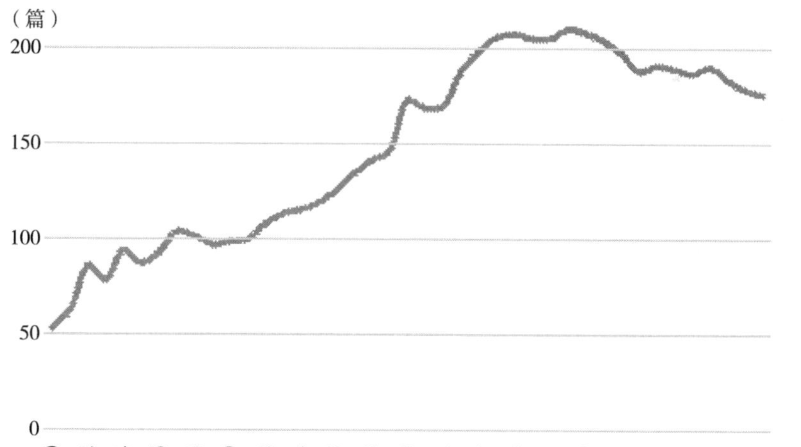

图 1－1　中国教育研究年度刊均发文量成长趋势（1980—2020）

① 赵志纯、何齐宗、安静、陈富：《中国高等教育学术研究的演变与发展趋势（1980—2019）——基于对六个 CSSCI 高等教育源刊的大数据分析》，《高等教育研究》2020 年第 4 期。

从整体的发展曲线来看，年度刊均发文量呈现先平缓上升、后快速激增、再显著下降的阶段性特征，据此可以把中国教育研究大致划分为三个发展阶段[①]。第一阶段为初创期，大致贯穿整个20世纪80年代，这一阶段的上升曲线相对较为平缓，并且呈现上下波动、迂回曲折的特点。第二阶段为激增期，包括20世纪90年代和21世纪头十年。这一阶段的突出特征在于体量上的急剧扩张与膨胀，曲线陡然上升，年度刊均发文量大幅激增。第三阶段为重质期，从21世纪第二个十年持续至今。本阶段的突出特征是发文量呈现显著的收缩递减。

二 中国教育研究的质量成长

论文质量是教育学术研究的安身立命要素之一。对于学术论文质量的评判若仅仅依靠某单一指标，均存在较大效度风险。[②] 因此，本研究主要选取论文的信息容量、学术相继性、国际化程度这三个指标来综合评估学术论文质量。以下围绕这三个指标进行理论说明与数据分析。

第一，论文信息容量直观体现在论文的篇幅上。在印刷排版格式基本相仿的基础上，论文的篇幅在相当程度上能够体现学术研究的质量，也即篇幅（页数）与论文质量具有高度的正相关关系。[③] 第二，论文的学术相继性是对已有研究成果的关注、借鉴与吸收，并在此基础上进一步深入开展学术研究。学术相继性直观体现在参考文献量

---

① 关于中国教育学术研究的阶段划分，存在着多种不同的依据与观点，本研究主要基于发文计量数据进行划分。

② 赵志纯、何齐宗、安静、陈富：《中国高等教育学术研究的演变与发展趋势（1980—2019）——基于对六个CSSCI高等教育源刊的大数据分析》，《高等教育研究》2020年第4期。

③ 赵志纯、何齐宗、安静、陈富：《中国高等教育学术研究的演变与发展趋势（1980—2019）——基于对六个CSSCI高等教育源刊的大数据分析》，《高等教育研究》2020年第4期。

上，参考文献量显示科学的继承性，是对他人成果的尊重，也是表示吸取外部信息的能力，还是论文水平和质量的体现。[①] 第三，论文国际化程度采用英文文献引文量这一指标来体现。通过对引文的语种分析，可了解作者对本学科国际研究动态把握程度，进而判断论文的国际水平。[②] 统计分析结果如图 1－2 所示：重质期的论文质量显著提高，具体表现为信息容量（5.58 页）、学术相继性（14.02 篇）、国际化程度（0.844 篇）这三个指标都显著高于激增期和初创期；但是，激增期的论文质量有一定程度的下滑，仅在国际化程度指标上显著高于初创期，而在信息容量（3.87 页）和学术相继性（5.86 篇）两个指标上都低于初创期（4.10 页，7.20 篇）。

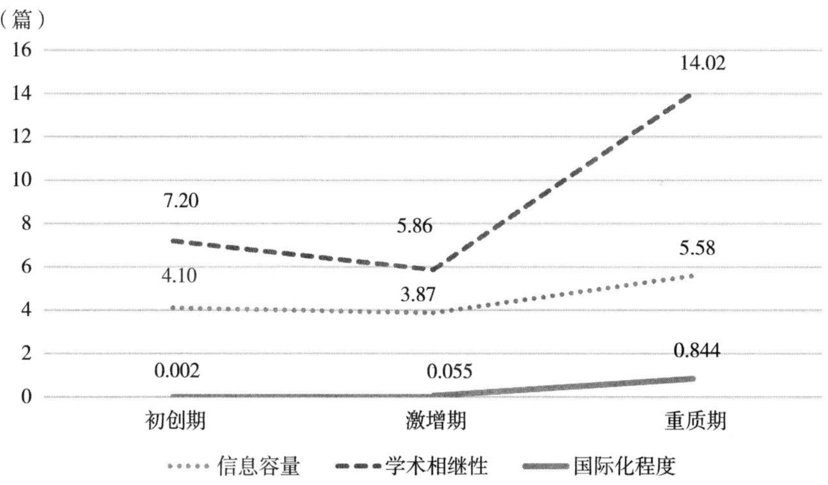

图 1－2　中国教育研究论文的学术质量三个指标成长趋势（1980—2020）

① 张玉华、潘云涛：《科技论文影响力相关因素研究》，《编辑学报》2007 年第 2 期。

② 陈石平、陈红英：《高校学报英文引文准确性抽样调查与分析》，《中国科技期刊研究》2013 年第 2 期。

三　中国教育研究的合作协同性成长

合作科研是现代科学知识生产的重要趋势，[①] 高质量的学术研究需要以较高的合作协同性为支撑。本研究通过考察研究者合作（篇均作者数）、研究机构合作（篇均机构数）、研究者与资助者合作（篇均基金数）这三个指标来考察中国教育研究论文的合作协同性。

分析结果表明，如图1-3、图1-4所示，从初创期到激增期再到重质期，中国教育研究论文的合作协同性逐阶段稳步提升。具体而言，三个指标的曲线都呈现明显的上升趋势，重质期的研究者合作均值为1.76个，研究机构合作均值为1.39个，研究者与资助者合作均值为0.78个；从百分比来看，作者合著比例、机构合著比例、基金资助比例大幅度持续提升，重质期这三个指标比例已分别达到49.6%、30.4%、55.3%。

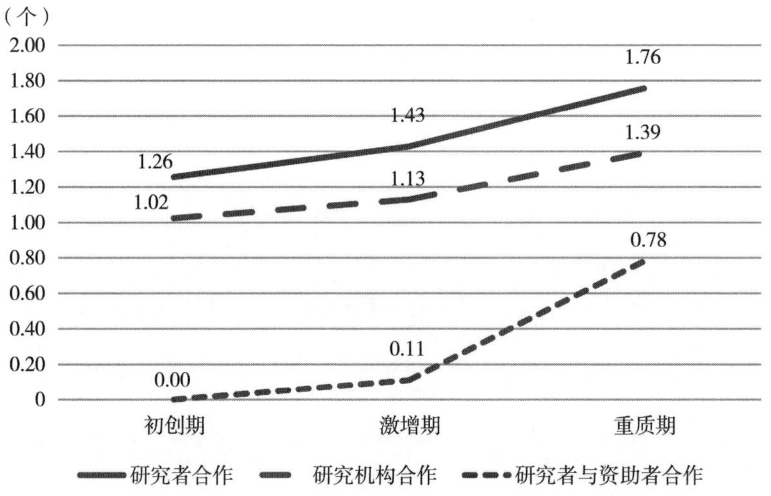

图1-3　中国教育研究论文的学术合作协同性三个指标成长趋势（1980—2020）

① 任静静、赵兰香：《合作性学术研究及其绩效实证分析》，《科学学研究》2019年第5期。

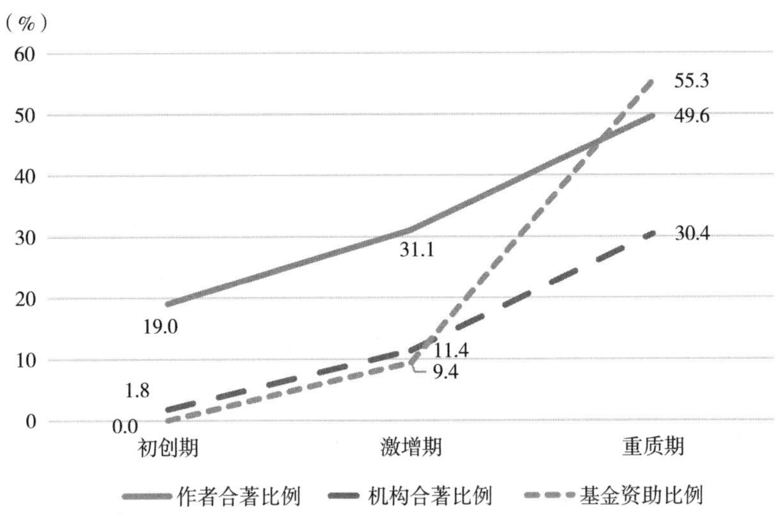

图1-4　中国教育研究作者合著率、机构合著率、基金资助率的增长曲线

四　中国教育研究的学术影响力成长

本章选取下载量和被引量两个指标来体现论文的学术影响力。下载量是出版数字化的直接产物。作为科学计量学的新秀——使用指标（Usage Metrics）之一，下载量记录了论文在期刊网站或出版商中被保存、下载的次数。① 使用指标反映了读者对文献的关注度，而其中的部分读者可转化为施引者，因此，使用指标相较于引用指标具有更加广泛的影响力。② 另外，被引量作为论文学术影响力的主要评价指标，在人才评审、科研立项、科研奖励等过程中发挥着重要作用。③

---

① Naudé F.，"Comparing Downloads，Mendeley Readership and Google Scholar Citations as Indicators of Article Performance"，*The Electronic Journal of Information Systems in Developing Countries*，Vol. 78，No. 1，March 2017，p. 1.

② Duy J.，Vaughan L.，"Can Electronic Journal Usage Data Replace Citation Data as a Measure of Journal Use? An Empirical Examination"，*The Journal of Academic Librarianship*，Vol. 32，No. 5，September 2006，p. 512.

③ 熊泽泉、段宇锋：《论文早期下载量可否预测后期被引量？——以图书情报领域期刊为例》，《图书情报知识》2018 年第 4 期。

分析表明（参见图1－5），中国教育研究论文的学术影响力逐阶段稳步显著提升。具体而言，从初创期到激增期再到重质期，中国教育研究学术影响力的两个指标均呈现显著的上升趋势，当前，中国教育研究论文的篇均下载量已经达到961.28次，篇均被引量已经达到19.37次。

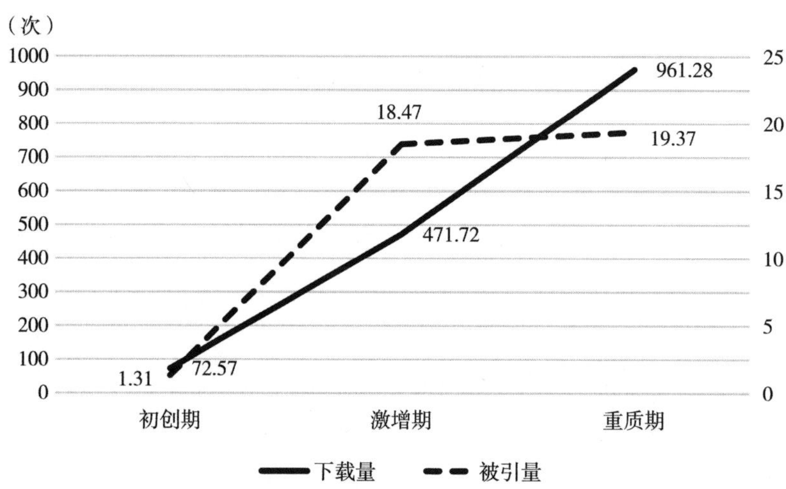

图1－5　中国教育研究论文的学术影响力两个指标成长趋势（1980—2020）

五　中国教育研究的范式转型

对于研究范式的划分是一个十分复杂与多元的课题，但从最基本的特征出发，可以把教育研究界分为以传统思辨为基础的非实证范式和以经验证据为基础的实证范式两大类。此处的“实证范式”采用广义定义，即将量化研究、质化研究与混合研究都纳入实证范式中，避免陷入统计实证主义窠臼。① 推动科研范式转型，强调教育研究方

① 李一杉、刘金松：《教育实证研究改善了学术论文的质量和影响力吗——以中国大陆教育学术研究领域为例》，《教育发展研究》2021年第9期。

法的科学性和规范性成为教育学科走向科学的必然选择。[①] 因此，考察中国教育研究中广义的实证范式转型问题具有重要意义。

实证范式由实证论文来表征，实证论文的题目与摘要有着特定的表征语词，因此在实证论文的筛选方面，主要通过题目与摘要双重交叉进行确定。基于实证论文的方法特征与摘要撰写的基本要求，可以发现实证论文的摘要包括了研究方法、数据类型、分析工具及结果。[②] 基于上述判断，本研究以题目和摘要为信息源，以表征实证研究的特征词为依据，最终筛选出了实证论文。

图 1－6 显示，一方面，从实证范式的整体发展历程来看，中国教育学术领域中发展早期的实证研究占比相对较低，最初占比仅为 1.9%。之后的一段时期发展相对较为缓慢，实证占比长期徘徊在 5% 上下。2000 年是一个重要的分水岭，2000 年之后，曲线陡然上升，表明中国教育学界发生了明显的实证范式变革与转型，当前中国的实证占比已经达到 35.1%。

另一方面，再从实证范式的不同类型比较来看[③]，量化研究曲线陡峭，发展相对较快，而质化研究曲线相对平缓，发展较为缓慢，甚至几度中断停滞。与量化研究在 2000 年的显著上升拐点有所不同，质化研究的上升拐点为 2003 年，略晚于量化研究。2003 年之后，质化研究显示出较为明显的上升趋势。当前，量化研究占比已经达到 27.8%，并且近年来的上升势头依然强劲，而质化研究的当前占比仅为 7.3%，并且近年来的发展势头较为乏力，甚至出现了一定程度的下滑。

---

① 刘贵华、张海军：《中国特色教育学科建设新成就——全国教育科学“十二五”规划回顾与前瞻》，《教育研究》2018 年第 8 期。

② 朱军文、马银琦：《教育实证研究这五年：特征、趋势及展望》，《华东师范大学学报》（教育科学版）2020 年第 9 期。

③ 本书把实证范式划分为量化研究与质化研究两大类型，并且在质化研究的统计口径上，既包括质化研究也包括量质混合研究。

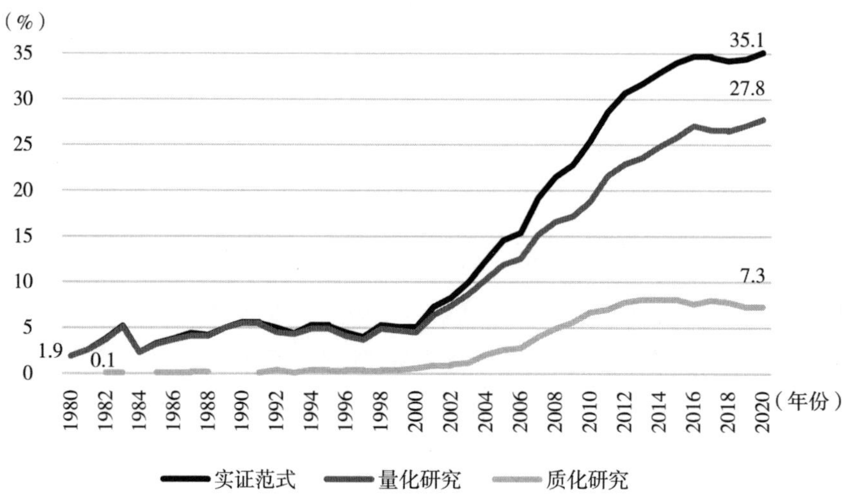

图1－6　实证范式在中国教育研究中的发展轨迹与趋势（1980—2020）

六　中国教育研究的学术热点衍变

学术热点主要通过论文关键词予以把握。一个学科较长时间大量学术论文关键词的集合可以揭示出该学科的总体内容特征及其发展趋势。① 本书对中国教育研究中的关键词采用共词聚类分析，通过 Pajek 软件进行运算与可视化。Pajek 能快速地处理更多的节点和链接数量，更支持海量数据的分析，为分析复杂网络的节点、聚类、分层等提供了一个便捷的平台。② 本书在关键词网络分析中主要用到 Pajek 的 Networks、Vectors、Partitions 三种分析功能，其中 Vectors 用于生成节点加权矩阵，Partitions 用于生成子网络，Networks 用于生成加权

① 陈立新：《信息计量学——理论探索与案例研究》，科学技术文献出版社 2017 年版，第 46 页。

② 谢丽斌、董颖、吴德志：《基于 Pajek 的科研领域合作关系网络特征分析》，《图书馆》2016 年第 7 期。

网络。分析结果如图 1－7、图 1－8、图 1－9 所示①，图中热点及其网络全貌已经展示出来，不再一一赘述，此处仅指出几点凸显的关键特征。

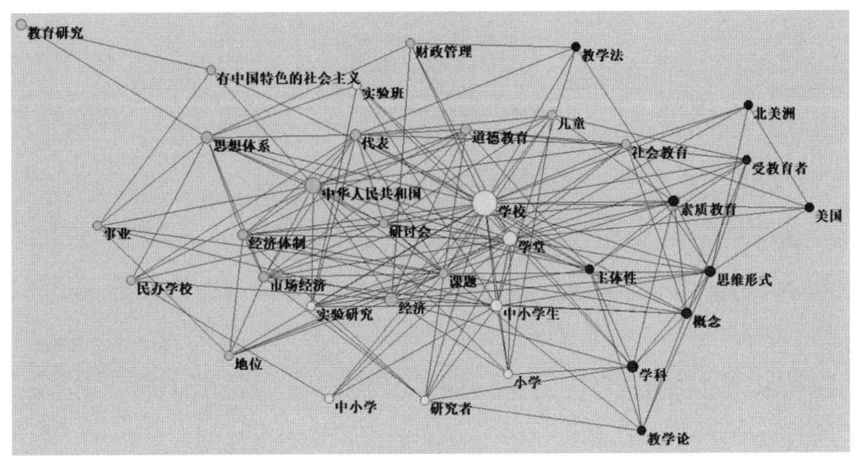

图 1－7　20 世纪 90 年代中国教育研究的学术热点知识与网络结构

从 20 世纪 90 年代的学术研究重心特点来看，主要有以下几点。第一，相对更加侧重于研究与理顺教育与经济之间的关系，“经济”“经济体制”“市场经济”等问题与教育之间的关系探讨是这一年代的学术热点。第二，相对更为侧重基础教育及其实验研究，“中小学(生)”“教学法”“实验研究”等都是这一年代较为瞩目的学术热点。

① （1）由于关键词的时代特征非常突出，因此，在进行共词聚类分析时，与本研究划分的中国教育研究不同阶段相比，按年代进行分析，探讨时代主题热点更具意义，因此本研究以年代作为共词聚类分析的时间周期。（2）由于教育学 37 个 CSSCI 期刊分属不同的分支领域，笼统地把它们放在一起进行热点分析不够科学，基于此，本研究选取了中国公认最具代表性的综合性教育学术期刊《教育研究》作为学术热点演变分析对象。另外，本研究学术热点分析所使用的《教育研究》文献信息从 20 世纪 90 年代开始，此种设计原因主要有二：一是 20 世纪 90 年代是中国计划经济体制转轨基本完成，社会主义市场经济体制正式确立的关键年代，具有非常重要的分析价值；二是从研究的便利性考虑，由于《教育研究》文献信息的电子化数据在 CNKI 中是从 20 世纪 90 年代开始的，因而本书的学术热点分析也相应地从 20 世纪 90 年代展开。

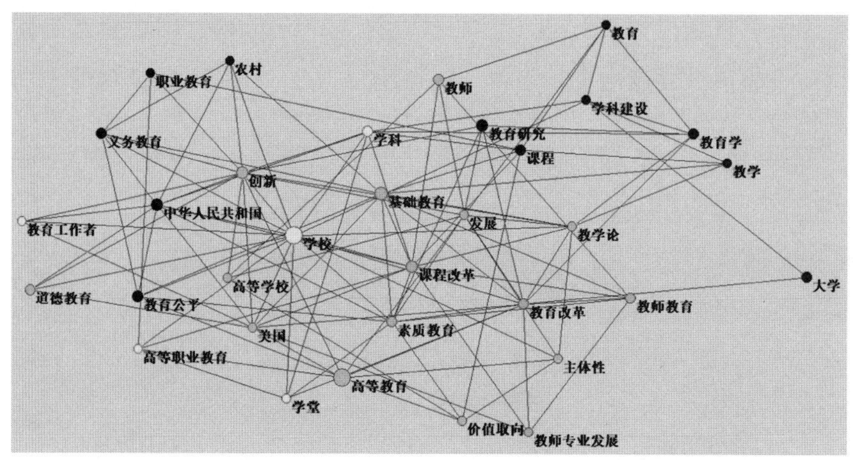

图 1-8　21 世纪头十年中国教育研究的学术热点与网络结构

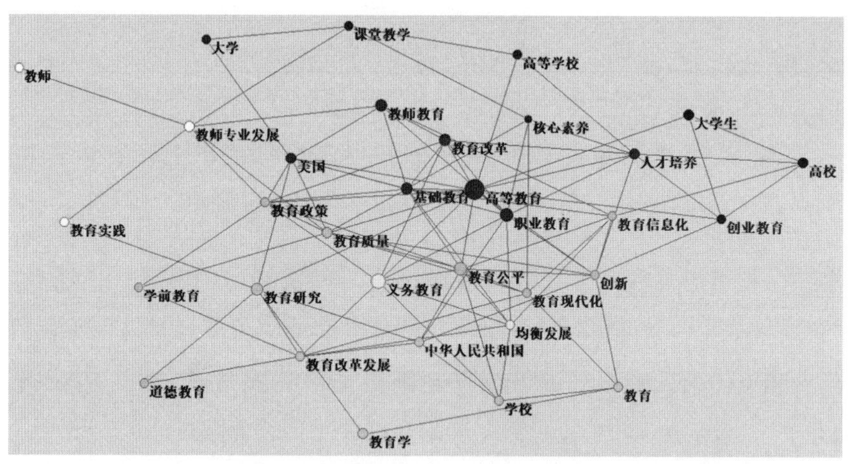

图 1-9　21 世纪第二个十年中国教育研究的学术热点知识与网络结构

进入 21 世纪之后，学术研究重心主要呈现以下特点。第一，相对更加侧重研究教育公平问题，进一步彰显中国社会主义教育的根本价值取向。“教育公平”“均衡发展”“教育政策”“教育质量”等相继成为学术热点。第二，不仅侧重关注基础教育研究，还同时侧重关注高等教育方面的研究。第三，以教师专业发展为指向的教师教育研究开启并逐渐深入，从知识网络结构来看，教师教育研究与课程改革研究、素质教育研究等相配套、相呼应。

分析还显示，除上述具有较高时代契合度的衍变热点外，也存在着跨越不同年代的持续性学术热点。第一，道德教育是中国教育研究领域中长期探讨的重要主题之一，这是中国特色社会主义教育及其研究的突出亮点。第二，教学论是中国教育研究领域中长期深耕的核心领域之一。第三，教育学学科自身的建设研究也是中国学界长期探讨的重要领域之一。第四，在比较借鉴方面，学界相对更为聚焦于对美国教育进行研究。

第四节　结论

1. 自 20 世纪 80 年代以来历经四十余年的发展，中国教育研究的体量倍增、规模崛起，其发展历程经历了三个重要阶段：初创期、激增期、重质期。

从整体上衡量与回顾中国教育研究的发展水平，体量和质量无疑是两个相当重要的考察对象。本部分内容主要通过年度刊均发文量这一指标考察了中国教育研究的体量衍变。研究发现，自 20 世纪 40 年代以来，历经四十来年的发展，中国教育研究的体量由当初的年度刊均 53. 3 篇，发展为 2020 年的 175. 9 篇，增加到原来的 3. 3 倍，实现了体量上的飞速发展，学术研究的规模显著增大，实现了教育研究大国的跨越。

本章研究表明，根据学术体量的变化曲线，可以把中国教育研究的历程大致划分为三个发展阶段：初创期、激增期、重质期。这与笔者之前的另一项针对中国高等教育学术领域的研究结论较为相似。[①]

---

① 赵志纯、何齐宗、安静、陈富：《中国高等教育学术研究的演变与发展趋势（1980—2019）——基于对六个 CSSCI 高等教育源刊的大数据分析》，《高等教育研究》2020 年第 4 期。

这说明中国教育研究的发展历程也是充分遵循学术发展的内在规律的。

在学术研究发展的早期阶段属于初创期，时间上大致贯穿整个20世纪80年代。初创期往往处于摸索试探阶段，专业从业人员相对较少，刊物、机构、平台等资源也相对稀缺，这就使得学术研究发展较为缓慢，作为成果产出的体量规模也相对较小。初创期的资源少、体量小，进一步发展的瓶颈矛盾突出，因而必然会通过资源供给和体量的大幅剧增来予以突破。

在初创期之后，发展进入激增期，时间跨度为20世纪90年代和21世纪头十年。此阶段的最大特征是体量上的急剧增长。在激增期，学术研究空前活跃，在论文发表方面，标准也相对较为开放宽松，因而学术论文呈“喷井式”爆发，体量剧增。激增期相对较为粗放，这一特征决定了其只能是一个过渡期，最终必然会发展进入重质期。

重质期从21世纪第二个十年持续至今。重质期的根本内核是学术研究走向规范与成熟，不再仅仅局限于追求体量上的增长，而是把更多的注意力转向学术的内涵与质量。当前，中国正处于“双一流”建设的关键时期，对学术产出的内在品质要求更加严格，反映在体量变化曲线上，就是年度刊均发文量的显著收缩递减，通过进一步地“挤水分”来达到“提金量”的目的，这是中国教育研究进入成熟时期的必然选择与重要标志。

2. 中国教育研究的学术质量获得了持续而显著的提升，当前正处于历史最好时期。但就改进而言，在学术相继性与国际化程度方面，仍有较大提升空间。

本章研究主要通过选取论文的信息容量、学术相继性、国际化程度这三个指标来综合评估学术论文质量。其一，从学术论文的信息容量（篇幅）来看，尽管在激增期有一定程度的缩减，但就总体态势而言，从初创期至当前的重质期仍然是显著增加的。其二，在学术相继性（引文量）方面，初创期的篇均引文量为 7.2 篇，重质期则翻了一番至 14 篇，提升非常显著。再次，从国际化程度来看，从最初的篇均英文引文量几乎为零，发展为当前的篇均接近 1 篇。综合上述几点，自 20 世纪 80 年代以来历经四十余年的发展，当前中国教育研究正处于历史最好时期，信息容量、学术相继性、国际化程度都显著高于以往各时期阶段，学术质量空前提高。

但同时也有一些需要注意之处。从学术相继来看，纵向而言，尽管中国教育研究的篇均引文量显著提升，但横向比较起来，与国际学界尚有一定差距。此处以 SSCI 收录的一份教育类学术期刊指标统计为例，[①] 其学术论文的篇均引文量为 58 篇，而中国当前的篇均引文量则为 14 篇。规范的学术论文具有日积月累、前后相继的特点，学者普赖斯曾指出，每一篇论文都是在前人论文基础上建立起来又反过来成为后人论文的出发点。这种学术上一砖一瓦地累积，其最明显的表现形式莫过于对别人论文的参考引证了。[②] 因此，较少的引文量反映学术相继性较为薄弱，学术研究缺乏有机的传承性与连贯性。针对这一问题，中国教育研究今后应当以引文量为重要抓手，进一步夯实学术研究的继承性与累积性。

另外，从学术研究的国际化程度来看，英文引文量是重要指标之一。当然，英文引文量并非一味地越高越好，而是应当合理适度，体现出一定的国际学术视野性。笔者之前的一项针对中国高等教育学术领域中的研究表明，当前该领域的篇均英文引文量为 3.1 篇，与之相比，当前中国教育研究整体领域中的篇均英文引文量仅为 1 篇左右，略显稀少。基于此，中国教育研究应当努力加强对英文文献（或其

---

① 赵志纯、何齐宗、安静、陈富：《中国高等教育学术研究的演变与发展趋势（1980—2019）——基于对六个 CSSCI 高等教育源刊的大数据分析》，《高等教育研究》2020 年第 4 期。

② ［美］D. 普赖斯：《小科学，大科学》，宋剑耕、戴振飞译，世界科学社 1982 年版，第 55 页。

他外文文献）的参考与借鉴，继续推进学术研究的国际化，不断拓宽国际视野。

3. 随着学术研究复杂程度的加深以及受跨学科知识交叉的需要驱动，中国教育研究的学术合作协同性特征也日益凸显，并呈现不断增强的趋势。

关于学术研究合作协同性的探讨最早始于1966年，普赖斯（S. Price）与比弗（D. Beaver）在论文《无形学院中的合作》（*Collaboration in an Invisible College*）中阐述了他们的开创性工作，[①] 此后有关研究陆续涌现。科研合作成为不同学科科研工作者知识融合、创新思想、资源共享的重要途径，通过论文合著不仅有助于提高成果产出速度和质量，还可以加快知识的传播与扩散。[②] 另外，研究者与研究者的合作、研究者与生产商（资助方）之间的合作，比起单枪匹马的研究，更能提高研究效率。[③] 本章研究发现，自初创期以来至今，中国教育研究在研究者合作、研究机构合作、研究者与资助者合作这三个指标方面都有显著提升。这充分表明，中国教育研究领域中的学术合作协同性特征在不断强化、日益凸显。近年来，无论是自然科学还是社会科学，随着各领域学术研究复杂程度的不断加深，尤其受跨学科知识交叉需要驱动，学者之间、学术机构之间以及资助者与研究者之间的合作需求不断扩大，合作协同行动也日益频繁与深入。

在这种大背景之下，中国教育学术研究也积极投身合作大潮，已经由过去的"单打独斗""单兵作战"模式，转型为当前的深度合作

---

① Solla Price, Donald Beaver, "Collaboration in an Invisible College", *The American Psychologist*, Vol. 21, No. 11, October 1966, p. 1011.

② 田依林、刘平平：《合著型论文对学术期刊影响力的贡献度评价研究》，《中国科技期刊研究》2020年第6期。

③ 邵瑞华、张和伟：《基于合著论文和引文视角的学术交流模式研究——以图书情报学为例》，《情报杂志》2015年第12期。

协同模式。数据表明，当前学术论文的基金资助率已经高达55.3%，研究者合作率已达到49.6%。但同时也仍需注意到，研究机构之间的合作率相对并不高，仅为30.4%。这说明尽管研究者之间的合作在不断加强，但这些合作多限于同一机构内部，而跨机构间的合作协同仍较为匮乏。跨界的协同创新研究还很少，协同创新模式还停留在初级层面，无法形成有效合力。[①] 因此，中国教育研究应当继续强化合作协同模式，在科研政策上予以鼓励引导，尤其应当有意识地引导加强不同机构之间的合作协同，进而促进中国教育科研高质量创新发展。

4. 中国教育研究的学术影响力持续而显著地提升，今后应当继续以国内影响力与国际影响力两个维度为核心双重推进、双向突破。

本章选取了使用指标——下载量，以及引用指标——被引量，将这两个指标综合用于比较不同阶段的发展程度，进而刻画中国教育研究学术影响力的纵向历程。需要指出的是，对于学术影响力的评价指标一直是一个颇具争议、相对缺乏共识的“难啃骨头”，正如阎光才教授所指出的，究竟如何评价学术影响力，即使在如今整个国际学术界也不存在完美的方案，无论是哪一种方案都会引起更多的非议而不是认同。[②] 因此必须承认，本研究中所使用的学术影响力指标也必然属于一种非完美的权且策略，但这并不能够否定该指标的合理性与解释力。事实上，学术影响力的测量和评估在过去的二十年里经历了巨大的改变，这主要归因于学术交流方式的发展以及研究学术交流所使用工具和技术的改进。[③] 下载量和被引量这两个指标实际上反映了学术知识消费者视角中的“公允价值”（Fair Value）和学术知识消费

---

① 刘贵华、张海军：《中国特色教育学科建设新成就——全国教育科学“十二五”规划回顾与前瞻》，《教育研究》2018年第8期。

② 阎光才：《学术影响力评价的是非争议》，《教育研究》2019年第6期。

③ ［美］Ying Ding，Ronald Rousseau，Dietmar Wolfram：《学术影响力的测评：方法与实践》，窦永香、于琦译，武汉大学出版社2017年版，第1页。

市场中的价值发现功能。①

双指标综合分析表明，历经四十余年的发展，中国教育研究的学术影响力获得了显著提升，成绩可喜。但仍需清醒地意识到，学术影响力的进一步扎实提升，是一项复杂而艰巨的系统工程，任重道远。并且，学术影响力其实属于“副产品”，它是整个学术共同体综合实力与学术素养“自然而然”的外显。从这个角度来讲，相对于影响力评价这一政策工具的运用，培植成熟的学术共同体和养成良好的研究伦理与文化、理顺高等学校内外体制与机制、营造有利于学术发展的环境与氛围是学术影响力健康发展的根本所在。② 另外，还需指明的是，学术影响力分为国内影响力与国际影响力两方面，学术影响力的提升在内涵上实质是国内影响力与国际影响力两个维度上的双重推进，这就需要以两个维度为核心，持续在研究规范、研究方法、研究主题与话语体系等方面予以加强。③

5. 中国教育研究领域已经基本实现了实证范式的方法论转型，但是范式结构中的“质”“量”不均衡问题需要加以正视。

关于中国教育研究的实证范式转型问题，袁振国教授曾做出了这样一个论断：近年来，崇尚实证研究的风气已经逐步形成。④ 本书为这一论断进一步提供了较为坚实的证据。本研究发现，中国教育研究中的实证范式占比已经由最初的 1.9% 发展为当前的 35.1%，增幅巨大，实证风气逐渐形成。另外，这一大数据结果也与其他学者的抽样研究结果——中国近年来教育实证论文总体占比为 36.3%——基本一致，⑤

---

① 李一杉、刘金松：《教育实证研究改善了学术论文的质量和影响力吗——以中国大陆教育学术研究领域为例》，《教育发展研究》2021 年第 9 期。

② 阎光才：《学术影响力评价的是非争议》，《教育研究》2019 年第 6 期。

③ 李梅、丁钢、张民选、杨锐、徐阳：《中国教育研究国际影响力的反思与前瞻》，《教育研究》2018 年第 3 期。

④ 袁振国：《科学问题与教育学知识增长》，《教育研究》2019 年第 4 期。

⑤ 朱军文、马银琦：《教育实证研究这五年：特征、趋势及展望》，《华东师范大学学报》（教育科学版）2020 年第 9 期。

这也进一步印证了本书结果的可信度与科学性。

尽管近年来实证风气已经逐步形成，教育实证研究论文如雨后春笋般涌现，[①] 但横向比较起来仍有差距。应当意识到，由于受到形而上学学术传统的影响，当前在中国的教育研究领域中，进行宏大叙事及形而上学讨论的论文数量相对较多，而以实证范式为基础的教育研究则在数量上相对匮乏。[②] 此处仍然以 SSCI 收录的一份教育类学术期刊指标统计为例，[③] 实证论文的占比高达 76.5%。由此可见，实证范式占比横向比较起来，仍然存在一定的差距。

本章研究显示，当前中国教育研究领域中，量化研究占比为 27.8%，质化研究占比为 7.3%。要更好地理解这组数据的意义，则仍需借助之前的横向对比。[④] 在实证范式占比为 76.5% 的案例中，量化研究占比为 43.2%，质化研究占比为 33.3%。可以看到，量化研究和质化研究的占比基本"旗鼓相当"，体现出方法论上较为均衡与多维。但反观对比，中国教育研究领域中的"质""量"失衡问题则较为突出。中国教育学界质化研究的发展远远滞后于量化研究，近年来甚至有下滑之势。究其原因，固然是多种因素综合作用的结果，但其中重要一条则不得不指向较为急功近利的学术评价机制。

质化研究是通过研究者和被研究者之间的互动对事物进行深入、细致、长期的体验，然后对事物的"质"得到一个比较全面的解释

① 安静、赵志纯：《教育实证研究中的数字游戏现象省思——兼论理论关怀及其基点性与归宿性》，《当代教育科学》2020 年第 10 期。

② 赵志纯、安静：《中国实证范式的缘起、本土特征及其之于教育研究的意义——兼论中西实证范式脉络的异同》，《全球教育展望》2018 年第 8 期。

③ 赵志纯、何齐宗、安静、陈富：《中国高等教育学术研究的演变与发展趋势（1980—2019）——基于对六个 CSSCI 高等教育源刊的大数据分析》，《高等教育研究》2020 年第 4 期。

④ 赵志纯、何齐宗、安静、陈富：《中国高等教育学术研究的演变与发展趋势（1980—2019）——基于对六个 CSSCI 高等教育源刊的大数据分析》，《高等教育研究》2020 年第 4 期。

性理解。[①] 质化研究的这种特点，决定了其研究周期长、成果产出慢、耗费精力多。当前，中国的教育学术评价机制存在一定程度的功利化倾向，相对更加重视短期内的直接效益，这致使不少学者及其研究不得不调整为“短平快”的运作模式，这种运作模式显然并不利于质化研究的发展。因此，现行的易于导向“短平快”运作模式的“五唯”评价机制亟待改进，应当着眼于量化研究与质化研究均衡协调发展的顶层设计，各种范式间应当相互尊重，加强理解与沟通，[②] 促进方法论上的多维多元，最终才能更加繁荣中国的教育学术研究。

6. 中国教育研究的学术热点既有紧扣时代主题的“变量”，同时也存在着体现自身根本价值追求与特色的持续性学术热点“常量”。

中国的教育科学事业是伴随着党的十一届三中全会而获得新生，紧跟中国的改革开放而不断发展的。[③] 20 世纪 90 年代初，随着中国计划经济体制向市场经济体制转轨的逐步完成，建立适应社会主义市场经济体制和政治、科技体制改革需要的教育体制，[④] 正式提上了日程。在这一大背景下，此时期的学界相对更为侧重研究教育的经济维度，主要聚焦于教育资源的筹措问题、优化配置与合理使用等问题，[⑤] 因而“经济”“经济体制”“市场经济”等与教育之间的关系探讨是这一年代的学术热点。

此外，研究还发现，20 世纪 90 年代还相对更为侧重基础教育及其实验研究，“中小学（生）”“教学法”“实验研究”等都是这一年代较为瞩目的学术热点。1993 年，中共中央、国务院印发了《中国

---

① 陈向明：《质的研究方法与社会科学研究》，教育科学出版社 2000 年版，第 10 页。

② 赵志纯、王嘉毅：《建构实在论与中国当下教育科学研究的省思》，《华东师范大学学报》（教育科学版）2014 年第 2 期。

③ 中央教育科学研究所：《解放思想，立足实践，为科教兴国的千秋伟业作贡献——中国教育科学研究二十年回顾与展望》，《教育研究》1998 年第 9 期。

④ 教育部：《中国教育改革和发展纲要》，1993 年 2 月 13 日，http：//www. moe. gov. cn/jyb_ sjzl/moe_ 177/tnull_ 2484. html，2021 年 10 月 8 日。

⑤ 曾天山：《义务教育体制改革的回顾与思考》，《教育研究》1998 年第 2 期。

教育改革和发展纲要》，其中明确指出，要加强教育和发展的理论研究和试验，鼓励和支持学校、教师和教育研究工作者积极进行教育改革试验。[①] 在这种政策背景下，中国 20 世纪 90 年代的基础教育研究在微观层面全面开花，硕果累累，各类教改实验研究极为活跃，其成果受到广大中小学教师的热烈欢迎。[②] 然而近年来，在中国教育学界，受"短平快"学术评价导向等因素的影响，实验研究相对式微，这应当引起重视。建议在今后的教育研究中鼓励和加强实验研究，在一定程度上向实验研究适当倾斜。

进入 21 世纪之后，学术研究热点呈现以下一些特征。第一，相对更加侧重教育公平与均衡发展问题。这得益于中国教育大政方针中对教育公平与高质量均衡发展的充分重视。2010 年《国家中长期教育改革和发展规划纲要（2010—2020 年）》颁布，意味着中国教育的改革之路，正式从"效率优先的重点发展"转向"公平导向的均衡发展"。[③] 党的十九大报告更是正式提出了要追求"有质量的教育公平"目标。[④] 第二，在关注基础教育研究的同时，加强了对高等教育的研究与关注。20 世纪末，中国开始实施以快速扩大普通高校招生规模的高等教育发展政策。从 1999 年到 2014 年短短 15 年时间里，中国高等教育在高校数量、校均规模、毛入学率等方面经历了突飞猛进的增长。[⑤] 在这种高等教育急剧变革与发展的大背景下，学界加强高等教育研究与关注，回应

---

① 教育部：《中国教育改革和发展纲要》，1993 年 2 月 13 日，http：//www. moe. gov. cn/jyb_ sjzl/moe_ 177/tnull_ 2484. html，2021 年 10 月 8 日。

② 中央教育科学研究所：《解放思想，立足实践，为科教兴国的千秋伟业作贡献——中国教育科学研究二十年回顾与展望》，《教育研究》1998 年第 9 期。

③ 杨小微：《迈向 2035：中国教育现代化的目标定位》，《华中师范大学学报》（人文社会科学版）2019 年第 5 期。

④ 杨成荣、张屹山、张鹤：《基础教育公平与经济社会发展》，《管理世界》2021 年第 10 期。

⑤ 贾永堂、罗华陶：《新中国高等教育发展道路的历史考察——基于后发展理论的分析》，《高等教育研究》2016 年第 5 期。

了时代的呼唤。第三，以教师专业发展为指向的教师教育研究开启并逐渐深入。2001 年，《国务院关于基础教育改革与发展的决定》指出，要完善教师教育体系，深化人事制度改革，大力加强中小学教师队伍建设。[①] 这是首次在国家层面使用“教师教育”这一概念。[②] 它标志着中国开始建立开放的教师教育体系，实现从师范教育到教师教育的转型。自此，教师教育研究逐渐受到学界的广泛重视。

本章研究还发现，除了具有较高时代契合度的学术热点“变量”之外，还存在着跨越不同年代的持续性学术热点“常量”。第一，道德教育研究是中国教育学术界长期聚焦的最重要“常量”主题之一，这是中华民族历来尊崇道德伦理以及新中国成立以来尤其把道德教育摆在育人首位的突出体现。改革开放四十年来，伴随着中国特色社会主义建设事业的发展，德育在改革中也走出了一条有中国特色的道路，积累了具有中国特色的德育经验。[③] 因此，道德教育研究作为中国特色教育学术体系的突出亮点之一，应当也必将继续深入坚持下去。第二，教学论是中国教育研究长期聚焦的特色领域之一，这得益于长期以来中国学界对教学研究的重视。经过多年的学术探索，当前中国学界已经初步构建了具有中国特色的课程与教学论体系，[④] 产生了许多重要的教学理论，对教学实践的发展，特别是教学改革的深化发挥了重要的作用。[⑤] 在后续的研究当中，应当进一步加强原创性研

---

① 中华人民共和国人民政府：《国务院关于基础教育改革与发展的决定》，2001 年 5 月 29 日，http：//www. gov. cn/gongbao/content/2001/content_60920. htm，2021 年 10 月 8 日。

② 杜明峰：《改革开放四十年中国教师制度的变迁与逻辑》，《全球教育展望》2018 年第 7 期。

③ 冯建军：《四十年德育改革的中国道路与中国经验》，《东北师范大学学报》（哲学社会科学版）2018 年第 6 期。

④ 王鉴、李泽林：《探寻课程与教学论研究的“知识地图”》，《教育研究》2019 年第 1 期。

⑤ 王嘉毅：《从移植到创新——改革开放 30 年来中国教学论学科的发展》，《教育研究》2009 年第 1 期。

究，注重研究成果的转化与普及等。第三，教育学学科自身的建设研究也是中国学界长期探讨的重要领域之一。这充分说明，中国教育学界历来非常重视学科的自为性，始终保持着学科的自省与自觉。新时代教育学科及其研究，将更加注重理论创新和实践探索，更加注重制度建设和管理创新，为中国教育现代化和教育强国建设提供坚实的理论支撑。[①] 第四，在比较借鉴方面，学界相对更为聚焦于对美国教育进行研究。从领域内容来看，涉及范围较广，基础教育、高等教育、教师教育、职业教育、教育政策、教育法规、研究方法等均有所涵盖。对于诸如美国这样的发达国家教育进行比较与借鉴研究固然十分重要，但是进一步拓宽视域，在研究国别上多元化也是十分重要的。正如顾明远教授所指出的，长期以来，我们的比较借鉴研究主要集中在发达国家的教育改革，虽然从 20 世纪 90 年代开始，逐渐开展对发展中国家教育的研究，但数量极少，未成气候。因此，必须做到立足中国、放眼世界，吸收各国教育改革的经验，跟踪世界教育发展的趋势，促进中国教育的改革和发展。[②]

---

① 刘贵华、张海军：《中国特色教育学科建设新成就——全国教育科学“十二五”规划回顾与前瞻》，《教育研究》2018 年第 8 期。

② 顾明远：《新时代比较教育的新使命——纪念改革开放 40 周年》，《比较教育研究》2018 年第 8 期。

第二章　中国高等教育学术研究的演变与发展趋势

第一节　引言

学术研究是“一种具有创造性及系统性的工作（劳动），以增加知识存量或者把现有知识创造性地应用于解决实际问题为目的，包括人类知识、文化知识以及社会知识”[①]。文本形式的学术研究成果主要有学术专著、期刊论文、学位论文等，学术期刊是“传播知识、进行学术交流的窗口”[②]，期刊论文则是“科研成果输出和呈现的主要载体”[③]。因此，对某一学科领域的学术期刊论文展开计量研究，有助于深入了解该领域学术研究的现状、特点及发展趋势。

1978 年中国实行改革开放政策，具有划时代的历史意义，对中国的政治、经济、文化包括教育都产生了重大影响，社会科学研究也不例外。有学者指出，“中国绝大多数社会科学都是在改革开放以后

---

① OECD. Frascati Manual 2015, *Guidelines for Collecting and Reporting Data on Research and Experimental Development*, *The Measurement of Scientific*, *Technological and Innovation Activities*, Paris: OECD Publishing, 2015, p. 44.

② 钟文娟：《〈教育与经济〉1985—2009 年核心作者测定与分析》，《教育与经济》2011 年第 1 期。

③ 张军、慕慧鸽：《中德国立科研机构高被引论文核心作者特征状况研究》，《情报杂志》2016 年第 2 期。

重新恢复或开始建立起来的”①。如今中国已迈入中国特色社会主义新时代，本章的研究以1980—2019年为考察周期展开大数据计量分析，尝试勾勒改革开放四十年来中国高等教育学术研究的时代衍变轨迹，进而探讨其发展趋势，力争为中国高等教育学术研究的内涵发展提供参考。

第二节　研究方法

整体而言，本章主要采用元研究径路和科学计量分析方法。元研究（metaresearch）“是指以科学的研究活动和研究结果为对象而进行的再研究，亦称为研究的研究”②。科学计量学（scientometrics）是“研究科学活动、科学生产力，以及科学进步的评价和比较的科学，它将处理数据资料的方法应用于科学学研究”③。科学计量学具有定量化、以有形科学信息为对象、应用性强等特点。④

本章主要基于对大数据科学计量分析。大数据“是一切可以通过现代信息技术记录和量化的数据，不仅所蕴含的信息量巨大，而且不受各种框框的限制”⑤。与传统抽样方法获得的局部数据相比，“由于大数据的大体量与多样性，样本不足以呈现的某些规律，大数据可以体现；样本不足以捕捉的某些弱小信息，大数据可以覆盖；样本中被认为异常的值，大数据得以认可。这将极大地提高我们认识现象的能力”⑥。本研究获取的论文数据时间跨度长（1980—

---

① 乔晓春：《中国社会科学离科学还有多远》，北京大学出版社2017年版，第43页。

② 张道民：《元研究与反思方法及其在软科学研究中的地位和作用》，《中国软科学》1991年第3期。

③ 马凤：《国内外科学计量学的比较研究》，博士学位论文，武汉大学，2012年，第21页。

④ 邱均平、赵蓉英、董克编著：《科学计量学》，科学出版社2016年版，第3页。

⑤ 李金昌：《大数据与统计新思维》，《统计研究》2014年第1期。

⑥ 李金昌：《大数据与统计新思维》，《统计研究》2014年第1期。

2019 年），用于研究的有效论文数量大（26260 篇），具备大数据的特征。

具体来说，本章聚焦 20 世纪 80 年代以来中国高等教育学术研究的时代衍变，选取了当前中国社会科学引文索引（CSSCI）来源刊物中复合影响因子较高的六个高等教育类学术期刊（《高等教育研究》《清华大学教育研究》《高等工程教育研究》《中国高教研究》《高校教育管理》《复旦教育论坛》）作为分析载体，从中国知网（CNKI）全面收集六个期刊 1980—2019 年[①]的所有学术论文（共计 26260 篇[②]）及其关键指标与信息，统一采用 SPSS（V22.0）与 Excel 对数据信息进行管理与分析，进而综合运用 VOSviewer（V1.6）与 Pajek 64（V5.08）对学术热点进行聚类分析与可视化呈现。

第三节　研究结果与分析

一　四十年来中国高等教育学术研究的发展阶段

本章研究主要通过发文量的变化特征来划分四十年来中国高等教育学术研究的不同阶段。发表论文量是衡量某一学术领域学术信息量的重要指标，间接反映了该学术领域某一时期学术发展的阶段性特征。中国高等教育学术论文发文量（以年度期刊平均发文量为指标[③]）的

---

① 第一，选取的部分期刊在 1980 年尚未创刊；第二，由于从论文公开发表到 CNKI 网络发布有一定时间差，因此只收集了 2019 年上半年的数据，时间截点为 2019 年 6 月 30 日。

② 剔除了诸如“来稿须知”“学位论文提要”“会议综述”“年度总目录”“广告”“简讯”等非学术性文章。

③ 只收集了 2019 年上半年的数据，由于通常上半年、下半年刊物的发文量是对称的，所以 2019 年的发文量数据按照上半年数据乘以 2 估算。此外，之所以选取年度刊均发文量而不是年度总发文量作为统计指标，一是因为六个期刊的创刊时间有早晚，不同年份的期刊数可能不同，如 1980 年除《清华大学教育研究》和《高等教育研究》之外，其他四个刊物尚未创刊；二是因为本研究只选取了六个刊物，并未囊括高等教育全部学术期刊，所以计算年度总发文量并无多大实际意义。

历年数据变化如图2－1所示，呈现倒“U”形特征。换言之，年度刊均发文量呈现先平缓上升、后快速激增、再显著下降的阶段性特征。据此，本研究把四十年来中国高等教育学术研究的发展历程划分为平稳初创期、激增发展期以及调整重质期三个阶段[①]。

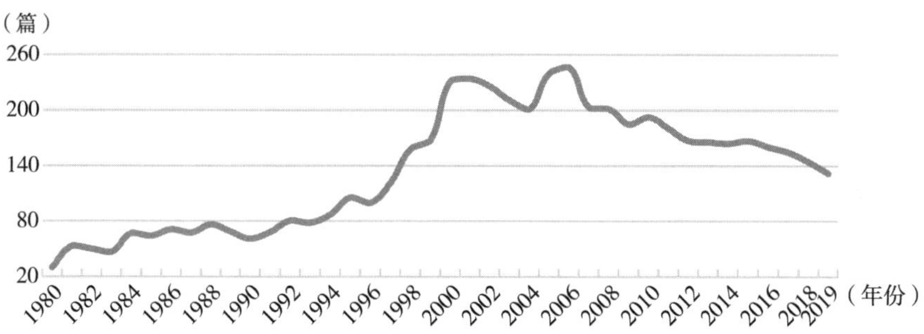

图2－1　1980—2019年中国高等教育研究年度刊均发文量的变化

平稳初创期大致贯穿整个20世纪80年代，这一阶段学术研究的发文量相对稳定，发展相对缓慢，年度刊均发文量为59篇，年度平均增幅为4.5%[②]。激增发展期从20世纪90年代初期开始，持续到2006年（此年度刊均发文量达到峰值246篇）。这一阶段学术研究的发文量呈现大幅激增特征，曲线陡然上升，年度平均增幅为9.9%；年度刊均发文量为153篇，是平稳初创期的2.6倍。调整重质期从21世纪头十年中后期（2007年）开始，持续至今。这一阶段学术研究的发文量呈现显著收缩递减特征，年度刊均发文量为170篇，年度平均增幅为－3.4%。

① 关于中国高等教育学术研究的阶段划分，有多种不同的依据与观点，本章研究主要基于文献计量数据进行划分。

② 由于1980年到1981年的波动幅度太大，致使增幅均值受极值影响而出现一定程度的失真。

二　四十年来中国高等教育学术研究质量的演变

学术论文的水平与质量是体现中国高等教育研究的重要指标之一。对于学术论文质量的评判若仅仅依靠某单一指标，均存在较大效度风险。因此，本研究主要选取论文的信息容量、学术相继性、学术影响力三个指标来综合评估学术论文质量，以下围绕这三个指标分别展开分析。

（一）论文信息容量

论文信息容量直观体现在论文的篇幅上。诚然论文篇幅表面上与其质量没有必然联系，但论文质量与论文信息量和解答问题深度是有联系的，而论文篇幅与后两者均有很大关系，因此论文“长度与论文的质量是有联系的”[①]。另外，有研究指出，“在人文社科期刊领域，办刊质量好，影响力高的期刊，普遍具有载文量不多，文章篇幅较长的特点”[②]。因此，在印刷排版格式相仿的基础上[③]，单篇论文的篇幅在相当程度上能够体现学术研究的质量，也即篇幅（页数）与论文质量具有高度的正相关关系。

对高等教育研究各发展阶段论文的篇均页数进行统计分析，结果如表 2 - 1 所示。整体而言，中国高等教育学术论文的篇均页数是增多的，从平稳初创期的篇均 4. 8 页显著增加至调整重质期的篇均 5. 5 页。但也应注意到在激增发展期篇均页数显著减少至 3. 7 页，出现了一定程度的衰退。

---

① 张倩：《国内外 6 种科技期刊刊载论文长度的统计分析》，《现代情报》2002 年第 4 期。

② 梁碧芬：《基于统计的期刊论文篇幅与质量的关系再论证——兼谈期刊发文量与影响力》，《广西教育学院学报》2017 年第 3 期。

③ 中国社科类学术期刊（包括本研究涉及的六个期刊）的排版格式基本相似，因此篇幅的可比性较好。

表 2 - 1 高等教育研究学术论文篇均页数的变化

发展阶段	样本数（篇）	篇均页数（页）	标准差
平稳初创期	1997	4.8	2.807
激增发展期	11364	3.7	1.891
调整重质期	12899	5.5	2.314
总体	26260	4.7	2.353

（二）学术相继性

论文的学术相继性是指论文作者对已有研究成果的关注、借鉴与吸收，并在此基础上进一步深入开展学术研究。论文的学术相继性与论文质量有内在的有机联系，学术继承性既折射出论文的学术研究视野（广度），也反映了学术研究的质量（深度）。论文学术相继性的强弱直观地体现在论文的引文量上。引文量“显示科学的继承性，是对他人成果的尊重，也是表示吸取外部信息的能力，还是论文水平和质量的体现”①。一般而言，引文量越大，说明论文的相继性越强。对高等教育研究各阶段学术论文的篇均引文量进行统计，结果如图 2 - 2所示。

整体上看，篇均引文量持续增多，平稳初创期平均为 1.8 篇，在调整重质期显著增加至 9.7 篇。从具体的中、英文引文量来看，增长趋势各有特点。篇均中文引文量的增长可谓中规中矩，即每阶段的增长都相对稳定；篇均英文引文量在平稳初创期与激增发展期增长极为缓慢，但在调整重质期显著增加。篇均引文量增加一方面表明中国高等教育学术研究的质量品质在不断提升；另一方面也反映出学术研究的国际视野在不断拓宽，尤其是调整重质期的表现非常突出。

（三）学术影响力

一篇论文的学术影响力通常体现在该论文的被引频次上。“文献

① 张玉华、潘云涛：《科技论文影响力相关因素研究》，《编辑学报》2007 年第 2 期。

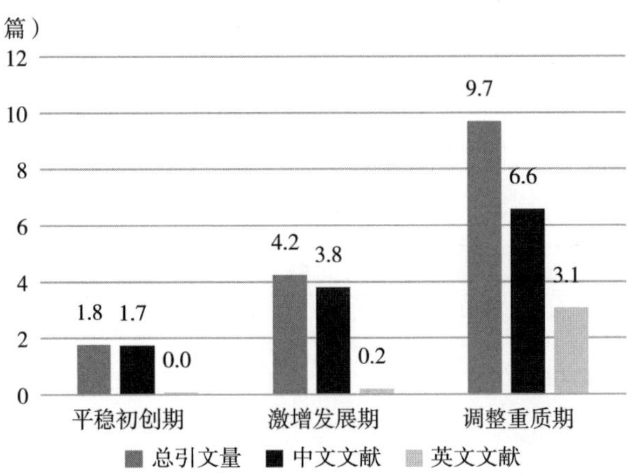

图 2－2　高等教育研究学术论文篇均引文量的变化

的被引情况是衡量一篇文献的学术影响力的重要指标，因此经常用来评价文献的质量和重要程度。”① 对中国高等教育研究各阶段学术论文的篇均被引进行统计，结果如表 2－2 所示。篇均被引频次在三个阶段中均呈现明显的持续上升态势，其中平稳初创期的篇均被引频次为 1.1 次，在激增发展期则显著上升至 18.6 次，调整重质期更是进一步达到 19.2 次。

表 2－2　**高等教育研究学术论文篇均被引频次的变化**

发展阶段	样本数（篇）	篇均被引频次（次）	标准差
平稳初创期	1997	1.1467	4.82966
激增发展期	11364	18.6393	37.01157
调整重质期②	10713	19.2181	39.46570
合计	24074	17.4458	36.95565

① 胡志刚、侯海燕：《普赖斯对科学计量学的贡献和影响——基于对〈小科学，大科学〉一书的知识可视化分析》，《科学与管理》2014 年第 3 期。

② 一般而言，学术论文在发表一定时间之后其被引用频次才达到较稳定的水平，因此本研究在统计调整重质期的论文被引情况时剔除了近三年发表的论文，即仅统计了 2007 年至 2016 年发表论文的数据。

总体而言，上述对论文信息容量、学术相继性、学术影响力三个指标的综合考察表明，20 世纪 80 年代至今，中国高等教育学术研究的质量呈现持续提升态势。

三　四十年来中国高等教育学术研究核心力量的演变

学术研究的核心力量主要分为核心学者群（作者）与核心学术机构两类，以下分别对两者在不同发展阶段的演变特征进行分析。

（一）核心学者群的发展演变

核心学者是指在相关学术领域发文较多、影响较大的研究者，他们对某一领域的学术研究发挥着极为重要的引领与导向作用。为了确定中国高等教育学术领域核心学者的载文基线值，本章依据国际公认的由耶鲁大学普赖斯提出的公式（$M \approx 0.749\sqrt{N_{max}}$）进行计算①。式中 N_{max} 代表该领域最高产学者的发表论文数，M 即为该领域核心学者的发文数基线值，即那些发表论文数在 M 及以上的研究者被视为该领域的核心学者。

表 2－3　　高等教育学术研究领域核心学者群的演变

	基线值（M）	核心作者人数	所有作者人数	核心作者占比（%）	核心作者发文量（篇）	发文总量（篇）	核心作者发文占比（%）
平稳初创期	4	62	1371	4.52	378	1997	18.93
激增发展期	6	191	6875	2.78	1909	11364	16.80
调整重质期	7	259	6556	3.95	3046	12899	23.61

中国高等教育研究核心学者群的演变情况如表 2－3 所示，从中可以发现：首先，随着发展阶段的更替，核心学者发文数基线值不断

① 丁学东编著：《文献计量学基础》，北京大学出版社 1993 年版，第 204 页。

提高，由平稳初创期的 4 篇提升至调整重质期的 7 篇，增长了 0.75 倍；其次，核心学者的绝对数量不断增加，即核心学者群呈不断壮大态势，由平稳初创期为 62 人显著增加至调整重质期的 259 人，扩大了 3.18 倍；最后，核心学者发文量的占比不断提升，由平稳初创期的 18.93%增加到调整重质期的 23.61%。

（二）核心学术机构的发展演变

核心学术机构是指某一学术领域中那些发文量较多、影响较大的研究机构，它们同样对该领域的学术研究发挥着极为重要的引领与导向作用。与核心学者群一样，也可以根据普赖斯提出的公式求出核心学术机构发文量的基线值，那些发表论文数达到或超过基线值的研究机构被视为该领域的核心学术机构。

表 2－4　　高等教育学术研究领域核心学术机构的演变

	基线值（M）	核心机构数量	机构总数	核心机构占比（%）	核心机构发文量（篇）	发文总量（篇）	核心机构发文量占比（%）
平稳初创期	13	21	250	8.40	994	1485	66.94
激增发展期	24	83	918	9.04	6790	10134	67.00
调整重质期	22	96	887	10.82	8974	12300	72.96

中国高等教育研究核心学术机构的演变情况如表 2－4 所示，从中可以发现：随着发展阶段的更替，核心学术机构的发文量基线值显著提高，由平稳初创期的 13 篇增加到调整重质期的 22 篇，增长了 0.69 倍；其次，核心学术机构的绝对数量也不断增加，由平稳初创期的 21 个增长到调整重质期的 96 个，扩大了 3.57 倍，呈现繁荣发展态势；最后，核心学术机构发文量的占比显著提升，由平稳初创期的 66.94%提升到调整重质期的 72.96%。

四　四十年来中国高等教育学术研究合作协同性的演变

关于学术研究合作协同性的探讨最早始于1966年，普赖斯与比弗在论文《无形学院中的合作》（*Collaboration in an Invisible College*）[①]中阐述他们的开创性工作，此后有关研究陆续涌现。“学术研究的合作协同性是对科学专业化程度的反映”[②]，不但“有助于提升科研产出的效率”[③]，而且还“有助于提升科研产出的质量”[④]。学术研究的合作协同性主要表现为学者合作（合著）与学术机构合作（合著）两种形式。

学者合著情况的演变如图2－3所示。随着发展阶段的更替，独著论文的比例显著下降，在平稳初创期高达76.0%，而至调整重质期比例已降至不足一半（49.2%）；相应地，合著论文比例显著上升。总体而言，在平稳初创期和激增发展期，独著为主要发文模式，而至调整重质期发文模式发生转型，多学者合著成为主流模式。

学术机构合著情况的演变如图2－4所示。随着发展阶段更替，单个学术机构独著的比例虽有一定程度的下降，但仍然较高：在平稳初创期时的比例为82.8%，调整重质期时的比例也有63.8%。另外，双机构合著论文的比例有较大提升，在平稳初创期仅为3.8%，而在调整重质期大幅提升为26.3%；相比而言多机构（3个及以上）合著论文的比例前后并无明显变化，甚至略有降低。总之，与学者合著

---

① Solla Price, Donald Beaver, “Collaboration in an Invisible College”, *American Psychologist*, Vol. 21, No. 11, October 1966, p. 1011.

② Nevenka Pravdić, Vesna Oluić-Vuković, “Dual Approach to Multiple Authorship in the Study of Collaboration/Scientific Output Relationship”, *Scientometrics*, Vol. 10, No. 5－6, 2005, pp. 259－280.

③ Sooho Lee, Barry Bozeman, “The Impact of Research Collaboration on Scientific Productivity”, *Social Studies of Science*, Vol. 35, No. 5, June 2005, p. 673.

④ S. Lawani, “Some Bibliometric Correlates of Quality in Scientific Research”, *Scientometrics*, Vol. 9, No. 1－2, 2005, pp. 13－15.

论文的高比例相比，学术机构间的合作尚未成为主流。

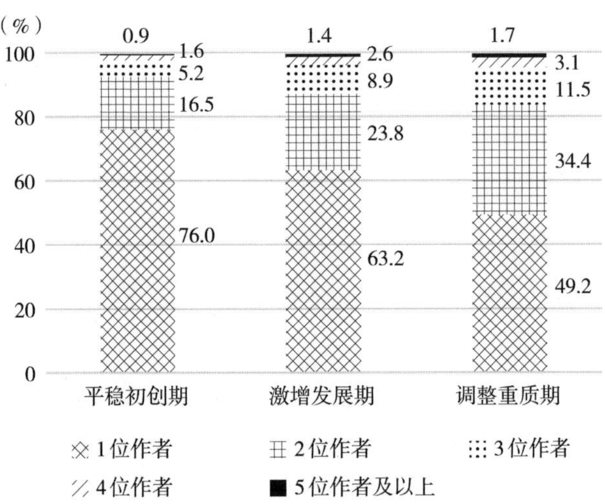

图2－3　高等教育学术研究者合著论文情况的演变

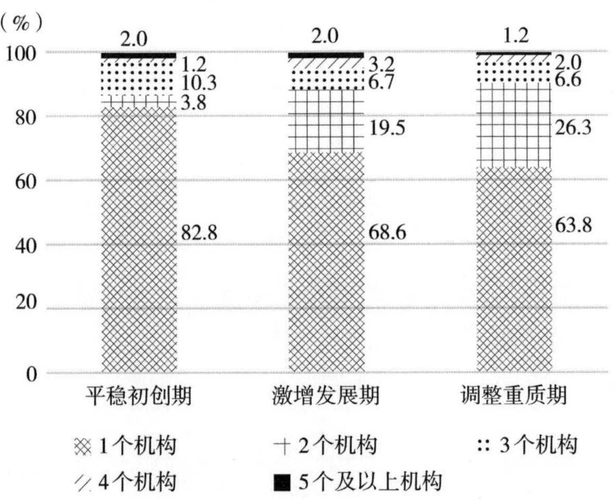

图2－4　高等教育学术研究机构合著论文情况的演变

五 四十年来中国高等教育学术研究方法论的演变

毋庸置疑，基于科学经验证据的实证研究[①]对于某一学术领域的知识进步与累积具有重要价值。“知识的进步与积累有其自身的逻辑与条件。要让教育学知识明显高于常识，成为一门可进行快速知识积累和进步的学科，就必须大力加强科学的实证研究。”[②] 因此，对考察中国高等教育学术研究方法论的演变具有重要意义。

本章以每篇论文的题目为分析单位，一方面筛选出含有“实证”“调查”“实验”“个案”“调研报告”等词汇的论文；另一方面筛选出含有“浅谈”“初探”“试论”“刍议”“思考”“简述”“略论”等词汇的论文，对二者进行比较，结果如表2－5所示。一方面，就纵向发展态势而言，实证研究论文的占比在不断扩大，在平稳初创期和激增发展期的占比仅为2.3%和2.1%，但在调整重质期显著增加至10.8%；相应地，规范研究论文的占比则不断缩减，在平稳初创期和激增发展期的占比分别为25.8%和23.3%，但在调整重质期显著缩减至12.2%。另一方面，就总体数量而言，情况却不容乐观，实证研究论文的占比仅为6.4%，而规范研究论文的占比为18%，几乎是前者的3倍。由此可见，中国高等教育学术领域中实证研究的总体占比依然过小。

表2－5 中国高等教育学术领域中实证研究占比的演变

	平稳初创期		激增发展期		调整重质期		总体	
	篇数	占比	篇数	占比	篇数	占比	篇数	占比
实证研究论文	46	2.3%	253	2.1%	1383	10.8%	1682	6.4%

① 实证研究有狭义与广义之分，狭义的实证研究对应量化研究，广义的实证研究既可以是量化研究也可以是质化研究，或者是量质混合型研究。与中国学界多数研究一致，本研究所指实证研究也是广义层面的。

② 柯政：《教育科学知识的积累进步——兼谈美国教育实证研究战略》，《华东师范大学学报》（教育科学版）2017年第3期。

续表

	平稳初创期		激增发展期		调整重质期		总体	
	篇数	占比	篇数	占比	篇数	占比	篇数	占比
实证	0	0.0%	35	0.3%	373	2.9%	408	1.6%
调查	46	2.3%	135	1.2%	369	2.9%	550	2.1%
个案	0	0.0%	21	0.2%	57	0.4%	78	0.3%
案例研究	0	0.0%	10	0.1%	54	0.4%	64	0.2%
以 * * 为例	0	0.0%	35	0.3%	545	4.2%	580	2.2%
规范研究论文	516	25.8%	2643	23.3%	1578	12.2%	4737	18.0%
浅谈	33	1.7%	96	0.8%	16	0.1%	145	0.6%
初探	60	3.0%	163	1.4%	71	0.6%	294	1.1%
试论	54	2.7%	274	2.4%	116	0.9%	444	1.7%
刍议	16	0.8%	104	0.9%	39	0.3%	159	0.6%
思考	38	1.9%	940	8.3%	637	4.9%	1615	6.2%

注：由于篇幅限制，本表格仅列举了部分规范研究论文的发展演变情况。

六　四十年来中国高等教育学术研究热点的演变

学术研究的热点主要体现在论文的关键词上。“关键词是作者论文核心内容的简明表述，是表达论文主题概念的自然语言词汇。一个学科较长时间大量学术论文关键词的集合，可以揭示出该学科的总体内容特征及其发展趋势。”[①] 对关键词的分析主要采用共词聚类分析法，即“采用聚类的计算方法，对文章中共现的词对（主题词或关键词）的关联性进行运算，将关系密切的词聚集归类，从而达到挖掘隐含信息的目的”。[②] 本章对中国不同年代的高等教育学术研究高

① 陈立新：《信息计量学——理论探索与案例研究》，科学技术文献出版社 2017 年版，第 46 页。

② 钟伟金、李佳、杨兴菊：《共词分析法研究（三）——共词聚类分析法的原理与特点》，《情报杂志》2008 年第 7 期。

频关键词进行共词聚类分析①，然后借助 VOSviewer 将结果可视化呈现出来。“VOSviewer 采用的是基于距离的可视化呈现方法，通过限定文本之间的相对位置来绘制图谱，该方法有很强的知识图谱呈现能力。”②

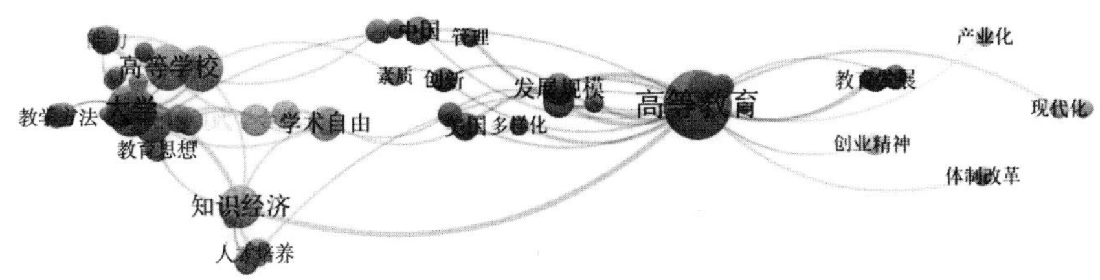

图 2 –5　20 世纪 90 年代末期中国高等教育学术研究热点的聚类分析

20 世纪 90 年代末期中国高等教育学术研究热点的聚类分析结果如图 2 –5 所示。其中需要说明的是，一是图中未完全涵盖 20 世纪 90 年代学术论文的热点关键词，尽管热点关键词不完整，但仍然具有一定代表性；二是 20 世纪 90 年代论文的热点关键词共聚类为 14 个团簇，由于较为分散，无法完全呈现在一张图中，因此图 2 –5 选取并呈现了最集中且紧密联系的 9 个知识团簇。通过分析发现，20 世纪 90 年代中国高等教育学术研究主要聚类为以下知识团簇：高等教育的管理体制、多样化和教育发展，其中尤其注重对美国高等教育经验的研究；知识经济与人才培养；学术自由；大学培养模式，重点关注教学方法与教育思想；大学教师、素质教育和能力；高等教育产业化；高等教育现代化；高等教育体制改革；创业精神。

---

① 在进行共词聚类分析时，与本研究划分的中国高等教育研究不同阶段相比，按年代进行分析，探讨时代主题热点更有意义，因此本研究以年代作为共词聚类分析的时间周期。

② 付健、丁敬达：《Citespace 和 VOSviewer 软件的可视化原理比较》，《农业图书情报》2019 年第 10 期。

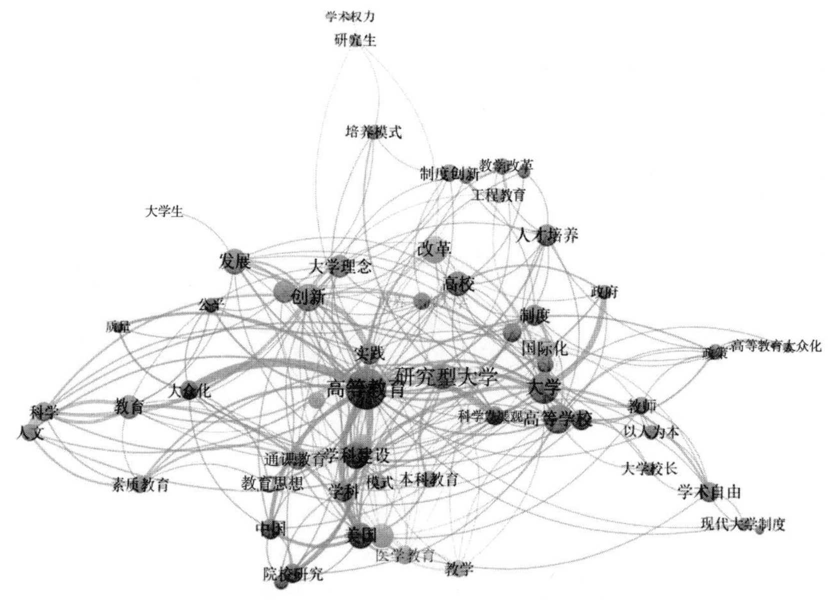

图2－6　21世纪头十年中国高等教育学术研究热点的聚类分析

21世纪头十年中国高等教育学术研究热点的聚类分析①结果如图2－6所示，主要有五大知识团簇：一是中国高等教育的大众化、教育公平、教育质量、教育思想、学科建设、科学发展观等，其中仍然较为关注美国的高等教育经验；二是创新与发展、大学理念、素质教育、通识教育、科学与人文等；三是现代大学制度、政府与大学的关系、以人为本、大学校长、学术自由等；四是改革与国际化、工程教育、医学教育、学术权力与研究生教育等；五是世界一流大学、研究型大学、本科教育、培养模式、教学改革等。

21世纪头十年中国高等教育学术研究热点的聚类分析结果如图2－7所示，主要有七大知识团簇：一是高校教师、创新、素质教育、高职院校等；二是现代大学制度、大学文化、大学治理、学术权

① 首先选取核心作者，然后以词频在10个以上的核心作者论文关键词为基础，选取其中前62个高频词进行聚类。

力、学术自由等；三是世界一流大学建设、国际化与中国特色等；四是人才培养、质量保障、工程教育等；五是学科建设、高等教育学等学科基本理论问题；六是创业型大学、研究型大学、美国研究生教育、教育公平、学术职业等；七是大学校长、以学生为中心的教学改革等。

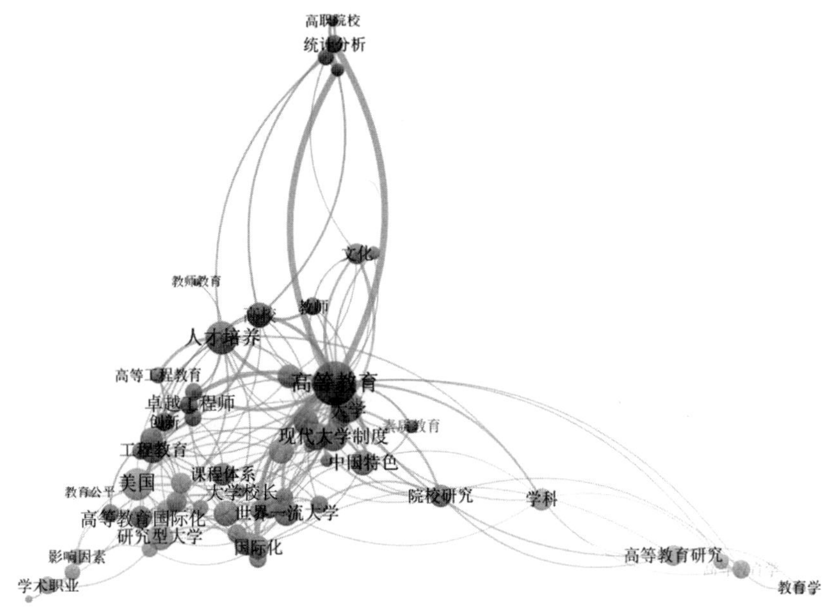

图2－7 21世纪第二个十年中国高等教育学术研究热点的聚类分析

最后，本章综合分析了聚类模块度与团簇数（见表2－6）[①]。在20世纪90年代末期，尽管模块度值为0.55，但学术研究的知识团簇数较多（14个），这说明此阶段的学术研究热点较为分散，研究方向的凝练在一定程度上存在不足。进入21世纪头十年，随着学术研究

---

① 在分析核心知识群时有两个重要指标。一是团簇数，用以衡量核心知识群的数量；二是聚类模块度值（Q值），用以衡量核心知识群的质量。Q值的范围为0—1，取值越大说明划分的团簇结构准确度越高。在实际的分析中，Q值一般介于0.3—0.7，值越大说明知识团簇划分的质量越高。

方向的逐步凝练与整合，学术研究热点更为突出和集中，知识团簇数大幅度减少为 5 个，模块度值为 0.34。发展到 21 世纪第二个十年，知识团簇数增加到 7 个，模块度值也有所提高（0.43），这在一定程度上说明此阶段学术研究的核心知识群不仅范围在扩大，而且深度与质量（聚焦性、持续性）也在稳步提升。

表 2－6　中国高等教育学术研究核心知识群模块度与团簇数的演变

	模块度（Q 值）	团簇数（个）
20 世纪 90 年代（末期）	0.55	14
21 世纪头十年	0.34	5
21 世纪第二个十年	0.43	7

第四节　结论

本章研究选取了中国高等教育研究的六个高影响力学术期刊作为分析对象，对 20 世纪 80 年代以来中国高等教育学术研究的阶段性衍变态势进行了计量分析。结果表明，四十年来中国的高等教育学术研究获得了持续性发展，正在不断走向成熟。以下总结了本研究结果并进行相应的分析讨论。

一　中国高等教育研究的四十年历程可划分为平稳初创期、激增发展期和调整重质期三个阶段

本章研究依据年度刊均发文量这一指标考察了四十年来中国高等教育研究的阶段性发展，并据此将其分为平稳初创期、激增发展期以及调整重质期三个阶段。平稳初创期贯穿了 20 世纪 80 年代（1980—1989）；激增发展期从 20 世纪 90 年代初期开始，一直持续到 21 世纪头十年中期；调整重质期从 21 世纪头十年中后期持续至今。从基于

此阶段划分的相关研究来看，这种阶段划分比基于自然年代的划分更具解释力，能更好地反映中国高等教育研究发展的规律和特征。

平稳初创期是中国高等教育研究的早期发展阶段，这一阶段的学术研究在方法论和规范性等方面相对不够成熟，也不很活跃，研究的发文量较为稳定，增长缓慢。激增发展期是中国高等教育研究的快速成长阶段，这一阶段的学术研究空前活跃，有更多学者投身到高等教育学术研究，加上此阶段学术期刊相对宽松的刊文标准，致使学术研究的发文量大幅度激增。调整重质期是中国高等教育研究的发展成熟阶段，此阶段的学术研究更加活跃，而且加强了对之前研究的反思，学术研究成果的形式也更为规范；同时，学术期刊的刊文标准日趋严格，都不约而同地严控每期的发文量，并为篇幅较长（信息容量较高）的论文开辟足够空间，因此这一阶段的学术研究发文量显著缩减。

尤其值得一提的是，当前调整重质期的年度刊均发文量为 170 篇，与笔者统计的 SSCI 收录学术期刊《高等教育》（*Higher Education*）年度发文量（121 篇）相比，具有显著数量优势。这说明中国当前不仅已成为世界高等教育大国，同时也已成长为世界高等教育学术研究大国。正如要力争实现由高等教育大国向高等教育强国转变，当前中国高等教育研究也需要着眼于从学术大国向学术强国转型，从而为世界高等教育学术研究提供更多中国话语与经验。可以预见在今后一段较长时期内，中国高等教育研究年度刊均发文量还将略有回落，但最终会趋于稳定，宁缺毋滥、少而精、高信息容量等严格的发文标准将成为新常态，这是中国高等教育学术研究进入成熟期的必然选择与重要标志。

二　高等教育学术研究的质量有显著提升

如果说论文的学术影响力（被引频次）属于学术质量的外在表现，那么论文的信息容量（篇幅）和学术相继性（引文量）则属于学术质量的内在支撑。本研究选取论文信息容量、学术相继性、学术影响力三个指标，综合评估了中国高等教育学术研究质量的演变。结果表明，自20世纪80年代以来，中国高等教育学术研究质量获得了持续而显著的提升。

首先从学术论文的篇幅来看，尽管在激增发展期有一定程度的缩减，但就总体态势而言，从平稳初创期至当前的调整重质期是显著增加的。"单篇论文的篇幅比较大，这就为作者进行学术创新提供了更大的空间，从而提高了论文的学术影响力和被引几率。"① 其次在被引频次方面，平稳初创期的篇均被引频次仅为1.1次，激增发展期则显著提升至18.6次，调整重质期又进一步提升为19.2次。论文篇幅和被引频次的变化综合反映了20世纪80年代以来中国高等教育学术研究质量的持续提升。最后从论文的学术相继性（引文量）来看，与平稳初创期和激增发展期相比，调整重质期的篇均引文量（9.7篇）、篇均中文引文量（6.6篇）及篇均英文引文量（3.1篇）都有大幅度增长，尤其是英文引文量提升显著。这说明中国高等教育学术研究的质量品质在不断提升，尤其是英文引文量的显著提升说明中国高等教育研究的国际视野在不断拓宽。

仍需指出的是，尽管中国高等教育研究的学术相继性有所提升，但与国际高等教育研究相比尚存在不小的差距。以SSCI收录学术期刊《高等教育》为例，其2019年1—11月共刊发111篇论文，篇均引文量高达58篇（最多为129篇，最少为19篇）；而当前中国高等教育研究论文的篇均引文量仅为9.7篇（最多为123篇，最少为1篇）。由此可见，在学术相继性（引文量）方面，中国高等教育研究与国际相比差距较为明显，这一定程度说明"我们的知识缺少继承

① 刘双阳、刘雁书、胡德华、莫新浪：《〈现代大学教育〉的核心竞争力研究：作者群分析》，《现代大学教育》2008年第5期。

性，更缺少累积性”[1]。普赖斯指出，规范的科学论文具有日积月累、前后相继的特点，“每一篇论文都是在前人论文基础上建立起来又反过来成为后人论文的出发点。这种学术上一砖一瓦地累积，其最明显的表现形式莫过于对别人论文的参考引证了”[2]。因此，较少的引文量反映学术相继性较为薄弱，学术研究缺乏有机的传承性与连贯性。针对这一问题，中国高等教育研究今后应当以引文量为重要抓手，夯实学术创新的继承与累积。

三　高等教育学术研究的核心力量业已形成

累积优势理论指出，在学术研究社群中存在显著的分层现象，“科学界是一个高度分层的和精英的系统，它在产出和奖励上呈偏态分布”[3]。就中国高等教育学术研究而言，同样存在这种偏态分布，成果产出主要集中在核心作者群及核心学术机构，呈现占比小、分量重的特点。其一，在核心作者群方面，随着不同发展阶段的演替，中国高等教育学术研究的核心作者群在不断扩大，他们发文的占比也在不断增高。如当前核心作者群的人数占比约为 4%，而发文量占比却达到 23.61%，接近四分之一。另外，核心作者的“门槛”也在不断提高，在平稳初创期约 4 篇论文即达到标准，在调整重质期则需要 7 篇论文。其二，在核心学术机构方面，其占比不断增加，在调整重质期已达到 10.82%，发文量占比更是在七成以上（72.96%），有非常显著的核心优势。

对于学术研究的核心学者群与核心学术机构，应当理性地看待。

---

① 乔晓春：《中国社会科学离科学还有多远》，北京大学出版社 2017 年版，第 83 页。

② ［美］D. 普赖斯：《小科学，大科学》，宋剑耕、戴振飞译，世界科学社 1982 年版，第 55 页。

③ Knorr K. D., Mittermeir R., “Publication Productivity and Professional Position: Cross-national Evidence on the Role of Organizations”, *Scientometrics*, Vol. 2, No. 2, 2005, pp. 95 – 120.

一方面，核心学者群与核心学术机构的形成与稳定，有助于引领并促进该领域的学术研究与学科发展；另一方面，如果核心学者群与核心学术机构过于集中，则容易形成绝对的话语权，导致其他学者和机构的集体性失语，长此以往将不利于学术发展。因此，应当在形成核心学术力量与多元学术生态之间保持适度平衡，形成必要的张力。

四 高等教育学术研究的合作协同性不断加强

“合作科研是现代科学知识生产的重要趋势。”[①] 本章研究发现，自 20 世纪 80 年代以来，中国高等教育研究无论是学者合著还是机构合著，所占比例都在持续攀升。随着各领域学术研究复杂程度的不断加深，尤其受跨学科知识交叉需要驱动，学者之间以及学术机构之间合作往来日益频繁，合作也日益深入。在这种背景之下，中国高等教育学术研究再无法沿袭过去的“单打独斗”“单兵作战”模式，学术合作不仅已成为趋势，更将成为学术创新的主流模式。

当前在中国高等教育学术研究中，学者合著的比例已经成为主流（50.8%），但一个值得注意的问题是学术机构合著的比例依旧较低（36.2%）。这说明尽管学者之间的合作在不断加强，但这些合作多限于同一机构内部，不同机构间的协同合作仍较为匮乏。但是，不同机构间的学术合作对促进思想与范式的多样性、构建协同创新的学术生态，进而提升学术研究的质量与深度具有重要意义。“必须承认那种高级的科学通勤已经成为学术交往的重要渠道，而且我们必须使这条渠道保持畅通。”[②] 因此，将来中国高等教育研究应当进一步有意识地促进不同学术机构间的合作，即要进一步加强“学术通勤”。具

---

① 任静静、赵兰香：《合作性学术研究及其绩效实证分析》，《科学学研究》2019 年第 5 期。

② ［美］D. 普赖斯：《小科学，大科学》，宋剑耕、戴振飞译，世界科学社 1982 年版，第 74 页。

体来讲，就是各学术机构应制定相应的旨在促进“学术通勤与互通”的政策，“吸引一些研究中心向它们发出邀请，这样，这些团体的成员们便可以去这些科研中心与该团体的其他几个成员一起短期合作，一俟工作完毕，他们又去另一个研究中心与另一些组织成员合作……最后又回到自己所属的研究机构中来”①。

五　高等教育实证研究论文显著增多

近年来，为加快学科知识增长步伐进而促进学科知识累积，加强实证研究已逐渐成为学界诸多研究者的共识。袁振国指出：“教育学虽然每年有上万篇论文，无数个论坛，但大多是主观的意见、个体的经验，未能形成客观的知识。教育学要加快知识增长，必须聚焦科学问题，加强实证研究。”② 连续多届“全国教育实证研究论坛”在华东师范大学成功举办以及《教育实证研究华东师范大学行动宣言》③的发布，有力地推进了中国教育研究的实证化进程，高等教育学术研究也不例外。本研究显示，近年来中国高等教育领域实证研究论文的比例显著提升，由最初的2.3%增加至当前的10.7%，规范研究论文的比例显著下降，由最初的25.8%缩减至当前的12.2%。这说明中国高等教育学术研究在实证化方向取得了长足进步，“崇尚实证研究的风气已经逐步形成”④。

尽管实证化趋势在不断加强，风气已逐渐形成，但横项对比来看，形势依然不容乐观，实证研究论文的总体数量依然不多，整体占比依然过小。从四十年的数据来看，可以明确判定为实证研究论文的

---

① ［美］D. 普赖斯：《小科学，大科学》，宋剑耕、戴振飞译，世界科学社1982年版，第73页。

② 袁振国：《科学问题与教育学知识增长》，《教育研究》2019年第4期。

③ 华东师范大学：《教育实证研究华东师范大学行动宣言》，《华东师范大学学报》（教育科学版）2017年第3期。

④ 袁振国：《科学问题与教育学知识增长》，《教育研究》2019年第4期。

比例仅为6.4%，而无经验证据论文的比例却高达18%，是前者的近三倍。对此笔者在另一项研究中曾指出，“由于受到形而上学学术传统的影响，当前在中国的教育研究领域中，进行宏大叙事及形而上学讨论的论文数量相对较多，而以实证范式为基础的教育研究则在数量上相对匮乏”①。因此，加强实证研究可谓任重道远。今后应当继续有意识地扩大高质量、高水平实证研究论文的发文量，继续深入推进中国高等教育实证研究，只有如此长期坚持下去，才能最终使中国高等教育研究登上新台阶，实现学科知识的深度累积，充分发挥学术研究具有的实践价值与效用。

六　高等教育学术研究的知识团簇稳步增长且呈现良好聚焦性

在对学术热点聚类分析时，团簇数反映了学术热点的多寡，而聚类模块度表明了知识团簇结构的质量。本章研究显示，中国高等教育学术研究的知识团簇经历了由繁到精、再稳步拓展的历程。20世纪90年代末期，学术研究集中与聚焦不够，呈发散态势，因而热点知识团簇相对松散且繁多（14个团簇，模块度值为0.55）。在21世纪头十年，研究热点进一步凝练，呈显著的收敛态势，知识团簇数大幅度减少为5个（模块度值为0.34）。进入21世纪第二个十年，随着研究发展成熟，热点知识团簇稳中有升，增加至7个，同时模块度值提高为0.43，这说明此时期的热点知识团簇的增长并非盲目而成，而是具有良好聚焦性。

从具体学术热点来看，中国高等教育研究既注重与国家层面的方针政策相匹配，也注重学科的相对独立性。在与政策相匹配方面，有学者基于对中国教育政策的分析指出，进入21世纪以来，

---

① 赵志纯、安静：《中国实证范式的缘起、本土特征及其之于教育研究的意义——兼论中西实证范式脉络的异同》，《全球教育展望》2018年第8期。

包括高等教育在内的中国教育政策主要着眼于公平、质量、效率、复兴四个维度[①]；而这四个维度在中国高等教育学术研究中也得到了充分体现。如本章发现21世纪头十年以来，在公平维度，教育公平是一个非常突出的学术研究热点；在质量维度，学界尤其注重探讨教育质量、质量保障、培养模式、人才培养等；在效率维度，学者注重研究如何通过改进中国的现代大学制度、理顺政府与大学之间的关系等来不断提升高等教育的效率，代表性关键词有现代大学制度、政府与大学的关系、大学治理等；在复兴维度，学界重点关注世界一流大学、研究型大学、改革与国际化、国际化与中国特色等，尤其值得一提的是对建设“世界一流大学”的研究，这是中国对世界高等教育学术研究的重要贡献之一。有学者指出，“中国为世界高等教育界提供了全新的‘世界一流大学’（WCUs）话语，这是后殖民背景下高等教育发展的一种有趣现象，近年来引起了全球的广泛关注”[②]。

从学科自身的相对独立性来看，本章发现，近年来中国高等教育学术研究尤其注重加强学科的自省与自觉。21世纪头十年以来，学科建设始终是一个极为重要的学术方向，学科、高等教育学、教育学等学科基本理论问题都是突出的学术热点，这充分说明21世纪以来中国高等教育学术研究非常重视学科的自为性，不断加强学科反思。另外，中国高等教育学术研究在各阶段均较为注重对美国高等教育进行研究与比较借鉴。“美国高等教育从雏形初具到形成规模，在为期不长的时间内后来居上，成为世界公认的高等教育大国

---

① Jun Li, Jian Li, “Educational Policy Development in China in the 21st Century: A Multi-flows Approach”, *Beijing International Review of Education*, Vol. 1, No. 1, March 2019, p. 196.

② 李军、徐群：《中国教育政策改进七十年之若干反思——多维视角下的经验与启示》，《复旦教育论坛》2019年第5期。

和强国”[①]，其发展经验具有很强的借鉴意义。建议今后在夯实对美国高等教育的研究基础上，进一步拓宽视域，加深对欧洲发达国家以及日本、韩国、新加坡等国家高等教育的研究，为中国向高等教育学术研究强国迈进提供更多启示。

① 刘建丰：《致力于更具国际竞争力——美国高等教育改革发展的动向与启示》，《教育研究》2014 年第 5 期。

第三章　中国研究生教育研究领域的学术特点与发展趋势

第一节　引言

《研究生教育研究》（双月刊）是由中国科学院主管，中国科学技术大学、中国学位与研究生教育学会共同主办，面向国内外公开发行的高端教育学学术期刊，是中国学位与研究生教育学会会刊。其前身为《教育与现代化》，自 2011 年正式更名为现名，专注聚焦于中国的研究生教育研究。作为一本高质量的学术刊物，它也是中国 CSSCI 期刊方阵中的源刊。

本章采用元研究的路径取向对中国近年来研究生教育研究领域的学术特点与发展趋势进行了实证分析。“所谓元研究，是指以科学的研究活动和研究结果为对象而进行的再研究，亦称为研究的研究。”① 笔者选取了中国研究生教育研究领域中的代表性学术期刊《研究生教育研究》作为研究对象，进行了以文献计量分析为基础的元研究。及时回顾、梳理和总结中国研究生教育研究领域学术发文的规律及特点，对于进一步提升该领域的学术研究质量、改进中国研究生教育实

---

① 张道民：《元研究与反思方法及其在软科学研究中的地位和作用》，《中国软科学》1991 年第 3 期。

践具有积极的参考价值与指导意义。

第二节　研究方法与过程

本章对《研究生教育研究》期刊自 2011 年（更名改版以后）至 2017 年底期间所有的载文情况进行相关指标的数据收集，所有使用的文献数据信息全部源自中国知网，利用人工统计和网络查询相结合的方式获取数据。本研究共收集到 849 篇论文，在剔除了年度总目录、广告、勘误、稿约等非学术性文章篇目之后，最终总共得到 765 篇学术论文作为文献计量分析的数据库。统一采用 SPSS（22.0 版）和 Excel（2013 版）对文献信息数据库进行管理与分析。

第三节　研究结果与分析

一　载文量分析与论文页数变化趋势

（一）载文量分析

期刊的载文量是衡量期刊信息容量的重要指标，通过载文量可以在一定程度上了解某期刊在发文数量与质量上的理念与追求，进而间接体现出该期刊所在学科领域的学术品质。图 3－1 展示出了《研究生教育研究》近年来的载文量趋势。研究发现：自 21 世纪第二个十年以来，该期刊年度载文量长期保持在百篇左右，而近几年来年度载文量呈现明显下降的趋势。这说明，该期刊近年来采取了较为“紧缩的”发文政策，追求“宁缺毋滥”“少而精”的理念导向。这也反映出，近年来中国研究生教育研究这一学术领域，并不盲目地单纯追求论文成果数量，而是更加看重学术论文的质量与内涵。

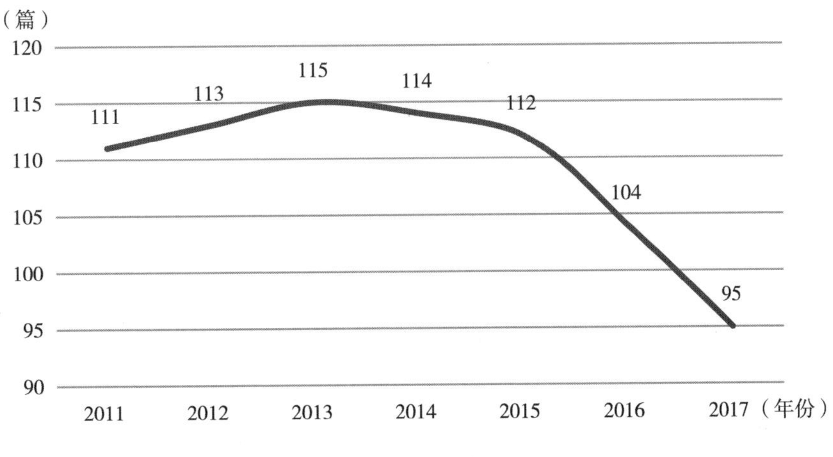

图3－1　《研究生教育研究》年度载文量（2011—2017）

（二）论文页数变化趋势

通常情况下，单篇论文的页数在很大程度上反映出该论文的深度与质量，二者之间一般呈一定的正比关系。图3－2显示了该期刊发表论文的篇均页数年度变化趋势。分析发现，2015年以前，该期刊的篇均页数曲线变化不大，篇均页数较为稳定地保持在5.20页左右，但是自2015年开始，篇均页数曲线上升趋势非常明显，2016年已升至5.60页，2017年已达到5.85页（接近6页）。本条结果结合载文量分析可以反映出，近年来，中国研究生教育研究领域的学术论文质量正在不断提升，主要表现为年度载文量渐趋降低，单篇论文篇均信息量（篇均页数）不断提高。

二　核心作者分析

核心作者是指那些发文量较多、影响较大的作者。他们发挥着学科的导向作用，不断地将学科研究推向新水平。[①] 为了确定该期刊核

① 陈富：《1994—2009年〈学前教育研究〉载文的定量分析》，《学前教育研究》2010年第12期。

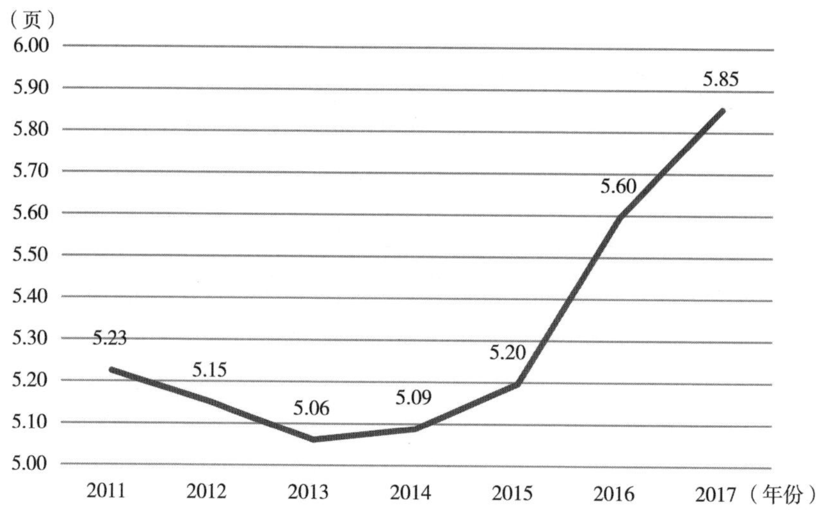

图3－2　《研究生教育研究》载文篇均页数年度变化趋势（2011—2017）

心作者的载文基线，笔者仍依据普赖斯所提出的计算公式 $M \approx 0.749\sqrt{N_{max}}$ 来进行计算。其中，N_{max} 为该期刊最高产作者发表论文数（此处为7篇），M 即为该期刊核心作者发文数的最低基线值。

此处，求得的 M 值为1.98篇，在实际应用中按照取整的原则，取 M 值的最大邻近整数值2，即在该刊上以第一作者身份发表论文2篇及2篇以上的那些作者，被视为该刊的核心作者。自2011年以来，以第一作者身份在该刊发表2篇及以上论文的核心学者共有82位（占所有第一作者640名的12.8%），他们所发表的论文共207篇，占载文总数765篇的27.1%。而普赖斯定律指出，某一领域中核心研究者的发文量占比约为50%左右，由此可见，在研究生教育研究领域中的核心学者群已经初步形成，但与普赖斯定律中的50%尚有一定差距，该领域中核心学者的人数还应进一步扩大，核心学者的论文平均产出率还应继续提高。

（三）核心学术机构分析

核心学术机构是指那些发文量较多、影响较大的研究机构。同理，可以根据普赖斯定律求出 m 作为该期刊核心研究机构发文数的最低基线值。此处，N_{max} 为该期刊最高产学术机构发表的论文数——49 篇，求得的 M 值为 5.2 篇，取 M 值的最大邻近整数值为 6，即在该刊上以第一机构发表论文 6 篇及 6 篇以上的，被视为该刊的核心学术研究机构。

自 2011 年以来，作为第一研究机构在该期刊发表 6 篇及以上论文的核心学术机构共计 36 个（详见表 3－1），占所有第一研究机构总数 214 个的 16.8%；这些核心学术机构共计发文 433 篇，占载文总数 765 篇的 56.6%。这说明，在研究生教育领域的研究中，核心机构群已经稳定形成，具有非常显著的学术优势，在该领域的学术研究中发挥着重要的导向与引领作用。

表 3－1　　《研究生教育研究》的 36 个核心研究机构

位次	机构	发文量（篇）	位次	机构	发文量（篇）
1	中国科学技术大学	49	18	南京大学	10
2	清华大学	22	18	南京农业大学	10
3	哈尔滨工业大学	19	18	重庆大学	10
4	华南理工大学	18	22	北京师范大学	9
5	北京大学	16	22	华南师范大学	9
5	东北师范大学	16	24	大连理工大学	8
5	厦门大学	16	24	扬州大学	8
8	北京航空航天大学	15	26	河海大学	7
8	华东师范大学	15	26	华中农业大学	7
8	上海交通大学	15	26	华中师范大学	7
11	东南大学	13	26	陕西师范大学	7

续表

位次	机构	发文量（篇）	位次	机构	发文量（篇）
11	天津大学	13	26	四川大学	7
11	武汉大学	13	26	武汉理工大学	7
11	浙江大学	13	32	安徽大学	6
15	复旦大学	12	32	暨南大学	6
16	华中科技大学	11	32	南京信息工程大学	6
16	西安交通大学	11	32	西北工业大学	6
18	北京理工大学	10	32	湘潭大学	6

四 载文地区分布

基于对载文省份（自治区、直辖市）的计量分析可以发现（详见表3－2），中国研究生教育研究领域的地区分布特点主要表现为：按照地区产量可以大致划分为高、中、低三个阵营，其中，北京、江苏、安徽、上海、湖北、广东、陕西这7个地区属于非常高产的第一阵营，尤其可以注意到，北京地区具有遥遥领先的高产优势（总发文123篇）；湖南、重庆、黑龙江、浙江、天津、吉林、四川、山东、福建、辽宁、河南，这11个地区载文产量居中，属于产量中等的第二阵营；第三阵营载文产量相对较低，载文量都是个位数，主要包括江西、河北、甘肃、贵州、云南、广西、新疆、山西、海南9个地区；除上述地区外，青海、宁夏、西藏、内蒙古为零发文量。

表3－2 《研究生教育研究》载文的省份（自治区、直辖市）分布

位次	省份	发文量（篇）	位次	省份	发文量（篇）	位次	省份	发文量（篇）
1	北京	123	10	黑龙江	23	19	江西	9
2	江苏	84	11	浙江	22	20	河北	8
2	安徽	84	12	天津	21	21	甘肃	8

续表

位次	省份	发文量（篇）	位次	省份	发文量（篇）	位次	省份	发文量（篇）
4	上海	69	13	吉林	18	22	贵州	5
5	湖北	59	13	四川	18	23	云南	4
6	广东	49	15	山东	17	24	广西	2
7	陕西	37	16	福建	16	25	新疆	2
8	湖南	27	17	辽宁	15	26	山西	1
9	重庆	25	17	河南	15	27	海南	1

注：①表中不包括中国港、澳、台地区；②表中没有出现的省份（自治区）发文量为零。

五　学术合作情况分析

随着某一学科领域学术研究的成熟，学术队伍与研究规模的不断扩大，学术成果的合著应当成为研究产出的重要形式。“通过统计合著人数的数量，计算合著人数占全体研究人员的比例可以判断合著率的增长变化情况。”① 其一，从总体的横断面数据来看，本研究统计发现，自2011年以来，该期刊合著的论文共计519篇，占发文总数的67.8%。其二，从历年的纵向数据来看，图3－3显示，尽管该期刊论文合著率的年度曲线略有起伏，但从总体上来看，尤其是2014年之后，上升趋势较为明显，截至2017年，论文合著率已升至72.9%。另外，还计算了篇均作者数量，为2.14人每篇。综合以上几点可以说明，在研究生教育研究领域中，近年来的学术成果合著率较高，学术合作趋势正在不断加强，学术研究方式逐渐走向成熟。

六　引文量分析

“引文量是某一主体对象含有的参考文献（被引文）数量。……对引文量进行分析研究，是揭示科学文献引证规律的重要内容和

① 邱均平、赵蓉英、董克编著：《科学计量学》，科学出版社2016年版，第15页。

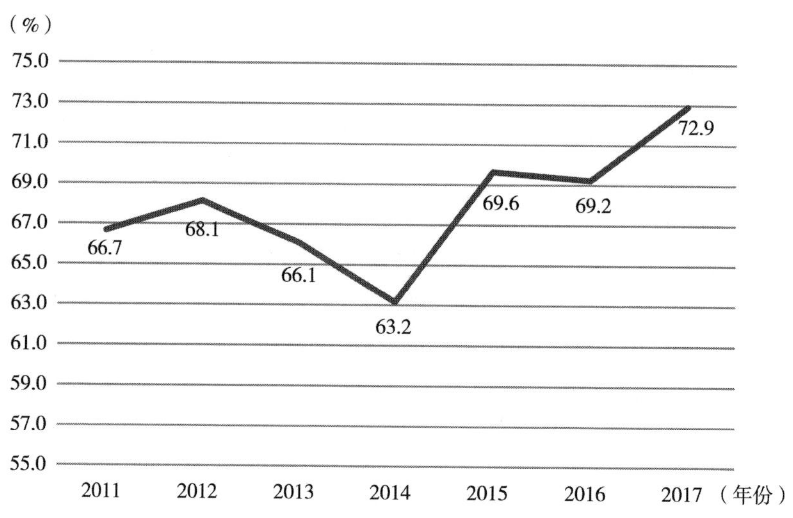

图3－3　《研究生教育研究》载文合著率变化趋势（2011—2017）

途径。"[①] 在本章研究中，着重对篇均引文量这一代表性指标进行了考察，所谓篇均引文量是指"每篇研究论文平均占有的引文篇数"[②]。

对《研究生教育研究》近年来的篇均引文量进行统计分析，结果如图3－4所示。从总体来看，每一年度的篇均引文总量呈不断上升趋势，2011年的篇均引文量为6.68篇，而2017年已升至篇均8.43篇。有关研究表明，通常情况而言，一篇学术论文的正常引文量为5篇至15篇，但国际上主流的学术论文其篇均引文量约为15篇。[③] 由此可见，中国研究生教育研究领域的学术论文，尽管其篇均引文量处于正常的区间范围，并且近年来还在呈现不断的上升趋势，但与国际上的指标还是存在一定的差距。另外，从具体的中文、英文文献分别来考察，两种语种的篇均引文量近年来都有不同程度的提高，但英文引文量仍然相对偏少，篇均2篇左右，与中文文献的引用

① 邱均平、赵蓉英、董克编著：《科学计量学》，科学出版社2016年版，第233页。
② 邱均平、赵蓉英、董克编著：《科学计量学》，科学出版社2016年版，第108页。
③ 邱均平、赵蓉英、董克编著：《科学计量学》，科学出版社2016年版，第109页。

数量差距较为悬殊。尽管中文是我们学术研究的主要语言，但英文文献使用过少，这在一定程度上反映出，中国研究生教育学术领域中的国际化程度与国际视野尚存进一步拓展与提高的空间。

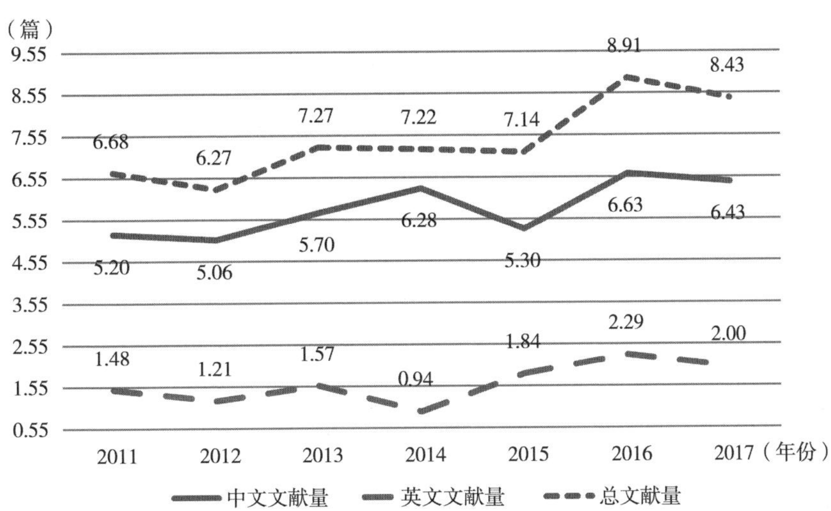

图3－4　《研究生教育研究》载文篇均参考文献变化趋势（2011—2017）

七　关键词分析

"关键词是作者论文核心内容的简明表述，是表达论文主题概念的自然语言词汇。一个学科较长时间大量学术论文关键词的集合，可以揭示出该学科的总体内容特征及其发展趋势。"① 在《研究生教育研究》中，共统计到关键词 1666 个，篇均关键词个数为 3.71 个（标准差为 0.819）。统计到具有重复性的关键词（词频出现频率在 1 次以上）个数为 307 个，占比 18.4%；而非重复性的关键词（词频出现频率仅为 1 次）个数为 1359 个，占比 81.6%，这说明，在该学

① 陈立新：《信息计量学——理论探索与案例研究》，科学技术文献出版社 2017 年版，第 46 页。

术研究领域中，研究的主题范围相对较大，但学术主题分布相对较为离散，缺乏一定的聚焦度。

表3－3列出了重复词频在5次及以上的68个高频关键词[①]。其中，重复频次在20次及以上的高频词主要包括“研究生”“研究生教育”“培养模式”“专业学位”“博士生”“研究生培养”“硕士研究生”等。重复词频在10—20次的高频词主要有“培养质量”“质量保障（体系）”“创新能力”“博士生教育”“工程硕士”“高校”“学位论文”“对策”“改革”“培养”“启示”“学科建设”“人才培养”“影响因素”等。从关键词的国别来看，主要涉及“美国”“英国”“日本”，可见这几个国家的研究生教育状况是中国较为关注的热点；从硕士类型来看，“工程硕士”“教育硕士”“法律硕士”都是较为关注的热点；从研究方法上来看，“实证研究”也出现在高频词队列当中，说明在此领域中实证研究受到重视，学术研究的实证性正在不断加强；另外，近年来的政策热点问题“‘双一流’建设”“世界一流大学”也是学术研究的热点，这反映出该领域中学术与教育政策紧密结合、相得益彰的特点。

表3－3　**《研究生教育研究》载文前68个高频关键词**

关键词	频次（次）	关键词	频次（次）	关键词	频次（次）	关键词	频次（次）
研究生	106	启示	11	全日制工程硕士	7	策略	5
研究生教育	98	学科建设	11	研究生招生	7	创新人才	5
培养模式	46	人才培养	10	研究型大学	7	地方高校	5
专业学位	35	影响因素	10	质量	7	法律硕士	5
博士生	33	创新	9	专业学位研究生	7	国际化	5

① 在关键词统计中，对有些词义相同的关键词进行了合并处理，例如，把“博士生”与“博士研究生”合并为一个关键词。

续表

关键词	频次（次）	关键词	频次（次）	关键词	频次（次）	关键词	频次（次）
研究生培养	23	导师	9	创业教育	6	建议	5
硕士研究生	20	教育	9	教学模式	6	联合培养	5
培养质量	19	课程设置	9	教育硕士	6	满意度	5
质量保障（体系）	19	全日制	9	就业	6	培养过程	5
创新能力	16	协同创新	9	困境	6	培养目标	5
博士生教育	15	教育质量	8	模式	6	实证研究	5
工程硕士	15	美国	8	全日制专业学位	6	世界一流大学	5
高校	14	思想政治教育	8	日本	6	思考	5
学位论文	13	问题	8	研究生培养模式	6	学科	5
对策	12	英国	8	质量评价	6	学科交叉	5
改革	12	机制	7	“双一流”建设	5	专业学位	5
培养	12	跨学科	7	比较研究	5	研究生教育资源配置	5

八 文献老化速度分析

作为学术研究成果的文献，在客观上存在着不可避免的老化性问题。“所谓科学文献老化系指科学文献随其‘年龄’的增长，其内容日益变得陈旧过时，作为情报源的价值不断减小，甚至完全丧失其利用价值。”① 目前，为了科学地衡量文献的老化速度与程度，学者们已经开发出了若干指标，其中，“引文半衰期与普赖斯指数是用来测度文献老化速度的两个重要指标”②。

① Hanson T., Cox J., “A Comparative Review of Two Diskette-based Current Awareness Services”, *Database*, Vol. 1, No. 6, January 1993, p. 73.

② 陈立新：《信息计量学——理论探索与案例研究》，科学技术文献出版社 2017 年版，第 134 页。

在本章研究中，笔者采用普赖斯指数对《研究生教育研究》期刊的文献老化速度进行测度。普赖斯提出，把对出版年限不超过5年的被引文数量同被引文献总量之比作为衡量文献老化快慢的指数，这一指数也被称为普赖斯指数。[①] 经统计计算，该期刊5年内被引文献量为381篇，而被引文献总量为587篇，占比指数为64.91%。这反映出，研究生教育研究领域中的文献老化速度较快。

九　实证性趋势分析

近年来，进一步深入加强实证研究已逐渐成为学界诸多研究者的共识。本研究对研究生教育研究领域中的实证[②]性趋势也给予了考察。笔者通过论文题目、关键词、中文摘要、浏览全文等方法对所有765篇论文逐个进行了分类筛查，统计结果如表3-4所示：近年来，实证类研究每年的发文数量占比尽管略有波动，但总体上仍然表现出明显的上升态势，实证趋势不断加强，尤其是2017年，实证类论文占比提升幅度较大，已经达到37.5%；但同时也应该看到，目前，非实证类研究平均占比71.6%，所占比重依然过大，而实证类研究的平均占比为28.4%，尚有很大的提升空间。

表3-4　《研究生教育研究》实证类-非实证类载文统计（2011—2017）

		2011年	2012年	2013年	2014年	2015年	2016年	2017年	合计
非实证类	篇数	78	83	86	83	82	76	60	548
	占比	70.3%	73.5%	74.8%	72.8%	73.2%	73.1%	62.5%	71.6%
实证类	篇数	33	30	29	31	30	28	36	217
	占比	29.7%	26.5%	25.2%	27.2%	26.8%	26.9%	37.5%	28.4%

① 陈立新、刘则渊：《引文半衰期与普赖斯指数之间的数量关系研究》，《图书情报知识》2007年第1期。

② “实证研究”有广义与狭义之分，狭义的“实证研究”主要特指量化研究，而广义的“实证研究”不仅包括量化研究，还包括通过访谈、观察等质化手段进行的个案（案例）研究等；在本章研究中，笔者是在广义层面上使用“实证研究”一词的。

第四节 结论

本章研究以《研究生教育研究》期刊为例，对中国近年来研究生教育研究领域中的学术趋势与特点进行了计量分析，结果表明，总体而言，中国研究生教育研究领域已经积累了较为丰富的研究成果，学术研究正在迈向更加成熟的水准。但同时笔者也发现，在该领域的研究中也存在一定的问题与值得改进之处，以下将总结本章研究的结论以及尝试提出一些具有针对性的建议。

一 继续坚持“少而精”“求内涵”“重质量”的精品化学术路线

载文量能够间接地反映出某一期刊、某一领域在学术质量方面的品位与追求。显然，对于某一期刊、某一领域而言，载文量并非越多越好，而是应当在载文数量与载文质量之间保持一种适度的张力。本研究的计量分析结果表明，在中国研究生教育研究领域中，并不是盲目地单纯追求论文成果数量，而是更加看重论文研究的质量与内涵。近年来，通过适度地降低年度载文量、提高篇均论文的信息量等做法，进一步体现了中国研究生教育研究领域正在走出一条“少而精”“求内涵”“重质量”的精品化学术路线。毋庸置疑，这种高标准的学术旨趣与质量品位今后还应当予以长期坚持。

二 核心作者群已经初步形成，但还应当继续加大培育与扶持力度

核心作者往往发挥着不可忽视的学术研究导向作用，他们能够不断地将学科研究推向新水平。本章研究发现，在研究生教育研究领域中的核心学者群已经初步形成，他们所发表的论文总量占载文总数的

27.1%，但与普赖斯定律中的50%尚有一定差距。这启示我们，一方面，中国研究生教育研究领域中的核心学者的人数还应进一步扩大；另一方面，核心学者的论文平均产出率还应继续提高。因此，在该领域中，应当进一步加大对核心作者的培育力度与扶持力度，促进核心作者群的加速形成与成长。

三　核心研究机构已经稳定形成，具有“占比小”“产量大”的特点

本研究显示，在中国研究生教育研究领域中，核心研究机构已经稳定形成。这些核心研究机构共有36个，其特点主要表现为，尽管它们在该领域众多研究机构中的占比不大（仅为16.8%），但它们却包揽了发表论文总量的半数以上（56.6%），呈现出“占比小”“产量大”的特点。这一结果证明，学术研究中的累积优势理论（Cumulative Advantage）或曰马太效应（Matthew effect）[①] 不仅在作者层面适用，在研究机构层面也同样适用。累积优势理论指出，在学术研究中，存在着非常显著的分层现象，也即“科学界是一个高度分层的和精英的系统，它在产出和奖励上呈偏态分布”[②]。总之，当前在研究生教育领域的研究中，学术分层显著，核心机构群已经稳定形成，具有非常明显的学术优势，在该领域的学术研究中发挥着重要的导向与引领作用。

四　少数民族地区研究生教育研究力量偏弱，应当给予一定的扶持与照顾

在不断争相加强智库建设的今天，学术研究实力已经成为一种重

---

① Merton R. K.，“The Matthew Effect in Science”，*Science*，Vol. 159，No. 3810，December 1968，p. 56.

② Knorr K. D.，Mittermeir R.，“Publication Productivity and Professional Position：Cross-national Evidence on the Role of Organizations”，*Scientometrics*，Vol. 2，No. 2，2005，pp. 95－120.

要的地区资源与竞争软实力指标。本研究表明，中国研究生教育研究的学术实力地区之间分布较不均衡，具有较高及中等研究产量与实力的地区大多属于东部及沿海，而西部地区的研究产量与实力相对偏弱。尤其值得注意的是，青海、宁夏、西藏、内蒙古这 4 个地区自《研究生教育研究》2011 年改版发刊以来的发文量一直保持为零，而这 4 个地区都是中国少数民族相对较为集中的区域，这反映出中国少数民族地区研究生教育的学术研究实力有待加强，对此应予以适当的扶持与照顾，如此才能切实提升这些地区在该领域的学术软实力。

五　学术合作研究不断加强，合著已经成为本领域论文产出的主要方式

已有研究指出，“科学合作不但能够促进科学家的成果产出能力，而且能提高研究成果的质量和影响力；合著论文的著者人数与论文产生的影响因子正相关；合著论文比独著论文更易被期刊接受并能产生较大影响；合作群体越大，研究成果越具有影响力。”① 由此可见，衡量一个学科是否成熟的重要指标之一即是考察该学科领域中的学术合作研究情况。本研究发现，无论在合著率指标方面还是在篇均作者数量指标方面，均展现出良好的合作势头。首先，从合著率指标来看，学者汤建民的计量研究显示出，十年之前中国教育学领域中的论文合著率均值为 31%②，而该期刊的合著率为 67.8%，这说明较之十年前，当前中国研究生教育研究领域中的学术合作更加广泛、合作率取得了大幅度的提升。其次，从篇均作者数量来考察，十年前中

---

① 岳洪江、刘思峰：《管理科学期刊引证指标的灰色关联研究》，《科学学研究》2008 年第 1 期。

② 汤建民：《国内教育学科论文合著情况研究——1998—2007 CSSCI 文献计量和作者合作图谱分析》，《浙江树人大学学报》（人文社会科学版）2010 年第 5 期。

国教育学领域中论文的篇均作者数量为 1. 43 人[①]，而该期刊的篇均作者数量为 2. 14 人每篇，这也证明较之十年前，当前中国研究生教育研究领域中的学术合作趋势不断得到了加强，学术研究方式逐渐走向成熟。综上可见，随着研究生教育研究领域的学术发展与成熟，"单兵作战"模式日渐式微，合作与合著已经成为主流的科研生产方式。

六　篇均引文量逐年提高，但与国际指标尚存一定差距

本研究发现，该期刊领域中的篇均引文量呈逐年提高的趋势，目前已提升至 8. 43 篇，这说明该领域中学术论文的视野与深度都在不断拓展。但同时也应当注意到，这尽管达到了学术论文的正常引文量标准，但与国际上主流的论文篇均引文量（15 篇）尚存在一定的差距。引文的数量是衡量学术思想社会联系多少、学术共同体结构松紧的一个重要指针，是研究学科学术思想生长、发展的重要指标。如果一门学科的论文引文数量少，表明学科研究者与学科内外其他研究者的思想联系少、关系疏远，学术思想并不是在学者之间广泛地流通，新思想的提出较少受到其他学者的启示，也较少给予其他学者启示。[②] 有鉴于此，今后还应当有意识地继续加大研究生教育领域中学术论文的引文量，从而继续推进该领域中学术论文的质量与深度。另外，英文引文量仍然相对偏少，这启示我们在研究生教育研究领域中，学术论文的国际化程度还应当进一步提升，国际化视野还应当继续进一步加强。

---

① 汤建民：《国内教育学科论文合著情况研究——1998—2007 CSSCI 文献计量和作者合作图谱分析》，《浙江树人大学学报》（人文社会科学版）2010 年第 5 期。

② 刘小强：《高等教育学学科分析：科学社会学的视角——引文分析基础上高等教育学学术思想之间的社会关系分析》，《现代大学教育》2009 年第 5 期。

七　研究主题缺乏一定的集中度，今后应当进一步有针对性地加强研究主题的聚焦与整合

从对共现关键词显示出的信息来看，该领域的研究主题主要聚焦于对研究生的培养模式、培养质量、创新能力、学位论文等方面的探讨。从研究借鉴的国别来看，主要对美国、英国、日本的借鉴研究较多。另外，工程硕士、教育硕士、法律硕士也都是较为关注的热点。此外，近年来的政策热点问题“‘双一流’建设”“世界一流大学”也是学术研究的热点。但需要注意的是，本研究发现，近年来统计到的具有重复性的关键词占比较低（仅为18.4%），而非重复性的关键词占比较高（81.6%）。这一方面说明该研究领域中的研究主题更新速度快、主题分布范围较广；但这也从另一个侧面说明，该研究领域在研究主题上缺乏一定的聚焦性，也即探讨主题缺乏一定的稳定性与承续性，部分研究主题可能存在“浅尝辄止”“蜻蜓点水”之嫌。鉴于此，建议在今后的研究生教育研究领域中进一步有意识、有针对性地加强研究主题的聚焦与整合。

八　文献老化速度相对较快，建议加大对已有文献的充分利用与深度利用

本章研究显示，研究生教育研究领域中的文献老化指标——普赖斯指数为64.91%，属于较快的文献老化速度。这一现象需要予以辩证地看待。一方面，这说明中国研究生教育领域中的成果产出较为活跃、知识更新速度较快。另一方面，有关理论指出，文献老化系数实质上是科学知识修正速率的反映，当某一学科领域处于发展初期时，由于知识的修正速率较快，反映在文献上就是老化速度也相对较快；但当某一学科领域进入相对成熟的阶段时，知识修正速率会减慢，文献老化速度减弱，对文献的利用深度加大、利用寿

命加长。[①] 由此可见，文献老化速度并非越快越好，应当在文献利用深度与知识更新速度之间保持平衡适度的张力。当前，中国研究生教育研究领域中的文献老化速度略显过快，今后该领域的学术研究应当充分加大对已有文献的利用深度，以不断增进该领域学术知识的承续与累积。

九 实证趋势不断加强，但总体而言实证研究论文仍然呈现出数量少、占比低的特点，今后应当进一步鼓励实证研究发展、加大实证研究力度

本研究通过对该期刊的实证性论文发展趋势进行考察，结果显示，实证趋势不断加强。近年来，随着实证范式思想与方法的逐渐普及，进一步深入加强实证研究已逐渐成为中国学界诸多研究者的共识。尤其值得一提的是，过去两年连续两届"全国教育实证研究论坛"在华东师范大学高规格、隆重而成功地举办，以及《教育实证研究华东师范大学行动宣言》的铿锵发布[②]，有力地推进了中国教育学界的实证化进程。显然，中国研究生教育领域的学术研究也受到了这种实证化进程的深刻影响，尤其是近一两年来，该领域中实证类论文占比提升幅度较大，目前，已经达到了37.5%，这是非常值得肯定的成绩。但同时也需要注意到，总体来看，目前中国研究生教育研究领域中的实证研究占比仍然相对较低，而非实证类研究所占比重依然过大，因此，今后还应当继续有意识地进一步加大高质量、高水平实证研究的发文量，如此才能不断推进该学科领域的规范化与科学化，从而最终繁荣中国的研究生教育。

① 邱均平、赵蓉英、董克编著：《科学计量学》，科学出版社2016年版，第109页。

② 华东师范大学：《教育实证研究华东师范大学行动宣言》，《华东师范大学学报》（教育科学版）2017年第3期。

第四章　中国学前教育研究的学术演变与趋势

第一节　引言

学术期刊是研究成果发表和交流的重要载体，是学科建设、实务管理、新人培养、专业信息传播的重要阵地。[①] 因此，对某一领域中的学术期刊及其载文进行研究与分析具有重要的学术价值与意义。《学前教育研究》是由中国学前教育研究会与长沙师范学院联合主办的一本重要学术期刊，属于 CSSCI（中文社会科学引文索引）源刊。《学前教育研究》主要刊载国内外学前教育研究的学术成果，有效地指导着中国学前教育的改革与实践。

本章研究以中国学前教育学术界的最具代表性刊物《学前教育研究》为考察对象，采用元研究的径路取向以及科学计量的分析方法，全覆盖式收集其自 1994 年[②]至 2018 年底（数据收集截点）的科学计量信息，并展开大数据分析，尝试勾勒出中国学前教育学术研究的演变轨迹与趋势，力争为中国学前教育学术研究水准的进一步深度

① 叶继元：《学术期刊的质量与创新评价》，《浙江大学学报》（人文社会科学版）2013 年第 2 期。

② 尽管《学前教育研究》创刊于 1987 年，但其论文数据在 CNKI 中最早可溯源至 1994 年，因此，本章研究以 1994 年作为数据收集的起始点。

提升提供科学计量范式视域下的省思与参考。

第二节　研究方法

就整体的方法论视角而言，本章研究主要采用元研究的径路取向与科学计量的分析方法。所谓元研究，是指以科学的研究活动和研究结果为对象而进行的再研究，亦称为研究的研究。① 科学计量学的方法与技术在教育理论研究，尤其是元研究中的诸多问题都具有重要价值。② 所谓科学计量学是研究科学活动、科学生产力以及科学进步的评价和比较的科学，它将处理数据资料的方法应用于科学研究。③ 科学计量学具有定量化、以有形的科学信息为对象、应用性强等特点。④ 随着科学计量学的不断成熟，尤其是近年来科学知识图谱方法与技术的迅速发展，科学计量学在学科基本理论研究中的价值日益受到研究者的重视，在教育领域亦应引起同行的关注。⑤

就具体的方法过程而言，本章研究以中国学前教育学术研究的时代演变与发展趋势为考察议题，选取中国学前教育领域中最具代表性的学术刊物《学前教育研究》（1994—2018 年）作为研究分析对象，全覆盖收集该学术期刊 1994 年至 2018 年底（数据收集截点）的若干科学计量关键指标与信息，运用统计方法展开分析。本章研究所使用的科学计量数据信息全部源自中国知网（CNKI），总共收集到 5365

① 张道民：《元研究与反思方法及其在软科学研究中的地位和作用》，《中国软科学》1991 年第 3 期。

② 蔡建东、汪基德、马婧：《教育理论研究的量化与技术化路径——科学计量学方法与技术在教育理论研究中的应用》，《教育研究》2013 年第 6 期。

③ 马凤：《国内外科学计量学的比较研究》，博士学位论文，武汉大学，2012 年，第 21 页。

④ 邱均平、赵蓉英、董克编著：《科学计量学》，科学出版社 2016 年版，第 3 页。

⑤ 蔡建东、汪基德、马婧：《教育理论研究的量化与技术化路径——科学计量学方法与技术在教育理论研究中的应用》，《教育研究》2013 年第 6 期。

篇论文，剔除诸如卷首语、来稿须知、幼儿园简介、敬告读者、新年寄语、年度总目录、简讯等非学术性文章407篇，最终得到有效样本论文4958篇。本章研究统一采用SPSS（22.0版）、Excel（2013版）、VOSviewer（1.6版）对收集到的计量信息数据进行管理与分析。

第三节 研究结果与分析

一 学术论文质量分析

学术论文的篇幅长度与其质量是有内在联系的[①]，通常情况下，办刊质量好、影响力高的学术期刊，普遍具有载文量不多，论文篇幅较长的特点[②]；此外，论文的被引情况常常能够反映出其学术价值与影响力，一般认为论文被引频次越高，其越具有较高的学术价值，论文质量也较高[③]。基于此，对于中国学前教育研究领域中学术论文质量的发展变化，本章研究主要选取了载文量、论文篇幅、被引频次三个指标来进行刻画。

首先，从载文量的演变趋势来看，如图4-1所示，在20世纪90年代刊物初创时期，年度期均载文量在25篇上下波动；进入21世纪头十年的最初几年中，年度期均载文量呈现出迅猛增加的态势，最大峰值约为46篇（2000年和2001年），之后则连续多年呈现出较为稳定的下降趋势，特别是近年来（2016年至今），年度期均载文量开始较为稳定地保持在10篇左右。

其次，从论文篇幅的演变趋势来分析，如图4-1所示，20世

---

① 张倩：《国内外6种科技期刊刊载论文长度的统计分析》，《现代情报》2002年第4期。

② 梁碧芬：《基于统计的期刊论文篇幅与质量的关系再论证——兼谈期刊发文量与影响力》，《广西教育学院学报》2017年第3期。

③ 张垒：《论文高被引的参考文献特征及其对影响因子贡献研究》，《情报科学》2016年第8期。

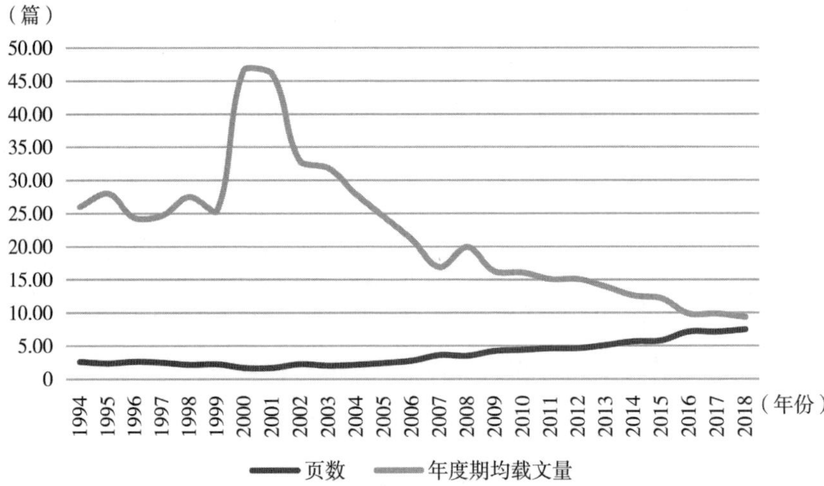

图4－1　《学前教育研究》年度期均载文量及论文篇幅的演变与趋势（1994—2018）

纪90年代的论文篇幅几乎没有什么明显的变化，甚至还有轻微的下降趋势，整体而言，20世纪90年代的论文篇幅均值为2.43页；进入21世纪头十年之后，论文篇幅总体呈不断上升的态势，但上升曲线相对较为平缓，21世纪头十年的论文篇幅均值为2.53页；从21世纪第二个十年开始，论文篇幅的上升趋势相对较为强劲，篇均长度显著提升至5.56页，特别是近几年来，论文篇均页数都在7页以上。

最后，从论文被引情况来看，如图4－2所示，《学前教育研究》自1994年以来至2017年底，共计发表论文4846篇，总被引量为60321次，篇均被引量为12.4次；从篇均被引的变化趋势来看，篇均被引频次显著提升，20世纪90年代的篇均被引频次为5.7次，21世纪头十年显著提升至13.8次，21世纪第二个十年则继续提升至14.6次。

通过对上载文量、论文篇幅、被引频次三个指标的考察，可以较为充分地反映出，在多年的艰辛探索与发展历程中，中国学前教育研究领域中的学术论文质量显示出不断持续提升的强劲动力，学术含金量不断提高，学术影响力持续扩大。

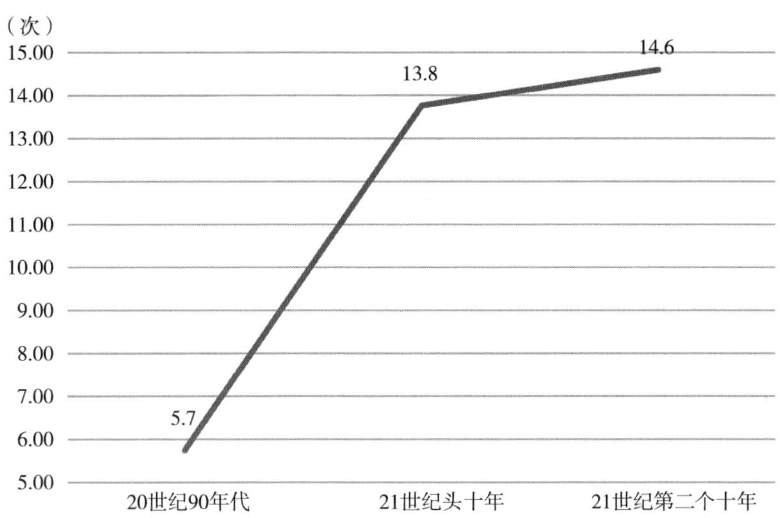

图 4－2 《学前教育研究》篇均被引的时代演变与趋势（1994—2017）

二 学术核心力量分析

核心学术力量是指那些发文量较多、影响力较大的作者或机构，也即包括核心学者与核心地区两个指标，他们（它们）在其学术领域中发挥着重要的引领与导向作用。对于核心学术力量的确定，仍依据普赖斯提出的发文下限基线值测算公式 $N \approx 0.749\sqrt{N_{max}}$ 进行计算。[①] 其中，N_{max} 为该领域最高产作者或机构的发文数量，N 即为该领域核心学术力量发文数的最低基线值。

① 李杰编著：《科学计量与知识网络分析：方法与实践》，首都经济贸易大学出版社 2018 年版，第 38 页。

表4－1 中国学前教育研究领域中的核心学术力量演变趋势（1994—2018）

		下限基线值N	核心数量（位）	总数量（位）	核心占比（%）	核心发文量（篇）	发文总量（篇）	核心发文占比（%）
核心学者	20世纪90年代	3	36	664	5.42	148	935	15.83
	21世纪头十年	3	168	1779	9.44	770	2656	28.99
	21世纪第二个十年	2	212	984	21.54	568	1367	41.55
核心机构	20世纪90年代	6	24	402	5.97	358	935	38.29
	21世纪头十年	11	26	980	2.65	1094	2656	41.19
	21世纪第二个十年	7	31	470	6.60	681	1367	49.82

表4－1所示，第一，从核心学者及其发文量的演变趋势来看，自20世纪90年代至21世纪第二个十年，中国学前教育领域中核心学者的占比一直不断提高：20世纪90年代占比5.42%，21世纪头十年占比9.44%，21世纪第二个十年占比21.54%。同时，核心学者的发文占比也一直不断提升：20世纪90年代占比15.83%，21世纪头十年占比28.99%，21世纪第二个十年占比41.55%。第二，从核心机构及其发文量的演变趋势来看，20世纪90年代的核心机构占比为5.97%，21世纪头十年出现了一定的波动，占比为2.65%，21世纪第二个十年占比提升至6.60%。尽管核心机构的数量占比略有波动，但其发文量一直处于不断增长的趋势之中。20世纪90年代核心机构的发文占比为38.29%，21世纪头十年占比41.19%，21世纪第二个十年占比则提升至49.82%。以上通过对核心学者、核心机构的分析表明，经过几个年代的渐进发展演变，中国学前教育研究领域中业已形成了相对较为稳定的学术队伍与学术机构。

三　学术研究的地区分布分析

发文量的地区分布差异体现出中国不同地区学前教育学术研究实力的强弱。根据发文量把中国不同省份地区划分为三类地区方阵，对这些省份地区的分布情况进行统计分析（如表4－2所示）。第一，当前（21世纪第二个十年）中国学前教育学术领域中研究实力较强的地区主要包括（第一方阵）江苏、北京、湖南、上海、重庆、浙江、福建、广东、陕西、河南，其中，除陕西和河南外，其他8个地区在20世纪90年代、21世纪头十年也都稳居中国学前教育学术领域中的第一方阵，属于中国学前教育研究的传统强省。第二，较上一年代，当前（21世纪第二个十年）学术实力提升较为显著的地区主要包括陕西、天津、新疆、黑龙江，学术实力下滑较为明显的地区主要是安徽、甘肃、河北、广西。第三，从当前（21世纪第二个十年）第三方阵的情况来看，江西、海南、内蒙古、青海、宁夏、西藏的发文量均为个位数甚至为零，属于中国学前教育研究学术实力较为薄弱的地区。

表4－2　中国学前教育研究不同年代发文量的地区分布（1994—2018）

方阵	20世纪90年代		21世纪头十年		21世纪第二个十年	
	地区	发文量（篇）	地区	发文量（篇）	地区	发文量（篇）
第一方阵	江苏	130	江苏	517	江苏	254
	湖南	108	湖南	316	北京	197
	北京	100	北京	306	湖南	176
	广东	80	广东	224	上海	117
	上海	65	上海	212	重庆	105
	湖北	44	浙江	173	浙江	103
	福建	42	福建	169	福建	91
	浙江	35	重庆	146	广东	75
	重庆	33	湖北	112	陕西	69↑
	山东	30	山东	92	河南	63

续表

方阵	20 世纪 90 年代		21 世纪头十年		21 世纪第二个十年	
	地区	发文量（篇）	地区	发文量（篇）	地区	发文量（篇）
第二方阵	山西	27	河南	67 ↑	湖北	55
	河北	22	安徽	66	山东	54
	陕西	22	四川	56 ↑	辽宁	53
	安徽	21	吉林	52	吉林	36
	吉林	20	甘肃	48 ↑	四川	34
	辽宁	19	河北	44	天津	22 ↑
	天津	17	辽宁	44	安徽	22 ↓
	四川	14	山西	37 ↓	新疆	19 ↑
	河南	11	陕西	33 ↓	黑龙江	18 ↑
	广西	9	广西	24	甘肃	18 ↓
第三方阵	云南	9	天津	23	河北	16 ↓
	甘肃	6	云南	20	山西	16
	黑龙江	5	新疆	17	贵州	14
	新疆	5	黑龙江	14	云南	14
	江西	4	内蒙古	12	广西	11 ↓
	内蒙古	2	江西	11	江西	7
	海南	2	贵州	8	海南	7
	青海	2	海南	3	内蒙古	5
	贵州	1	西藏	1	青海	2
	宁夏	1	青海	0	宁夏	2
	西藏	0	宁夏	0	西藏	0

注：①本表中未计入中国港澳台地区；②“↑”“↓”分别表示，上升或下降 5 位及以上位次的地区。

四　学术合作分析

不同作者之间进行论文合著是学术合作最直接的体现。随着某一学科领域学术研究的成熟，学术队伍与研究规模的不断扩大，学术成果的合著应当成为研究产出的重要形式。通过统计合著人数的数量，计算合著人数占全体研究人员的比例可以判断合著率的增长变化情况。[①] 作者合著可以分为以下两种情况，一种是同一机构[②]内的合著；另一种是不同机构间的合著。图 4－3 呈现了《学前教育研究》在学术合作与合著方面的变化趋势。

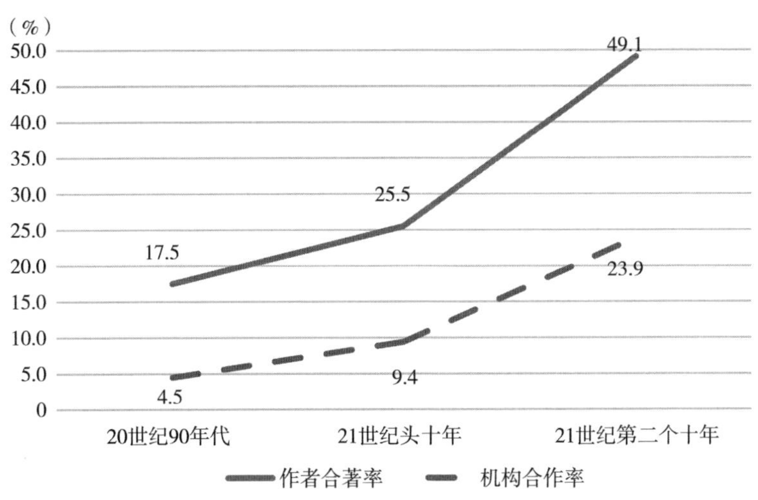

图 4－3 中国学前教育研究领域学术合作情况的变化趋势（1994—2018）

其一，从作者合著率的情况来看，20 世纪 90 年代以“孤军奋战”为主要的学术研究方式，作者合著率仅为 17.5%；进入 21 世纪头十年之后，作者合著率有所提升，合著率为 25.5%；到了 21 世纪第二个十年，合著率升幅非常显著，合著率大幅提升至 49.1%，接近半数。其二，从机构合作率的情况来看，学术合作不断加强的趋势也非常明显，从最初 20 世纪 90 年代 4.5% 的机构合作率，逐步持续

① 邱均平、赵蓉英、董克编著：《科学计量学》，科学出版社 2016 年版，第 15 页。

② 此处的“机构”主要是指各个大学、科研院所等，它们是具有完全意义上的独立实体性质的研究机构（或学术机构）；同一所大学下设的各个二级学院由于不具备完全意义上的独立实体性质，因而不属于此处的“机构”范畴。

提升为21世纪第二个十年的23.9%。以上两点说明，中国学前教育研究领域中的学术合作与学术协同呈不断持续提升的趋势，但也应注意到，机构合作率大大低于作者合著率，这反映出，研究者之间的合作形式主要囿于同一机构内的学术合作，而不同机构间的跨机构合作与协同相对较为薄弱。

五 学术研究的实证性趋势分析

近年来，随着《教育实证研究华东师范大学行动宣言》的铿锵发布[①]，进一步深入加强实证研究已逐渐成为学界诸多研究者的共识。本章研究对中国学前教育研究领域中的实证[②]趋势也给予了考察。以每篇论文的题目为考察单位，在其中提取“实证”“调查”“实验”“个案”“调研报告”等若干具有实证属性的术语，结果如图4-4所示：实证类论文20世纪90年代占比为5.6%，21世纪头十年占比为6.6%，21世纪第二个十年的占比为8.0%。这说明，中国学前教育学术研究中的实证趋势处于不断加强的状态，但同时也必须认识到，当前，实证类论文的总体占比尚不足一成，总体占比依然偏低，因此，尚需进一步不断加强实证研究。

六 学术研究的热点聚焦与可视化

关键词是作者论文核心内容的简明表述，是表达论文主题概念的自然语言词汇。一个学科较长时间大量学术论文关键词的集合，可以

① 华东师范大学：《教育实证研究华东师范大学行动宣言》，《华东师范大学学报》（教育科学版）2017年第3期。

② “实证研究”有广义与狭义之分，狭义的“实证研究”主要特指量化研究，而广义的“实证研究”不仅包括量化研究，还包括通过访谈、观察等质化手段进行的个案（案例）研究等；本章研究中，是在广义层面上使用“实证研究”一词的。

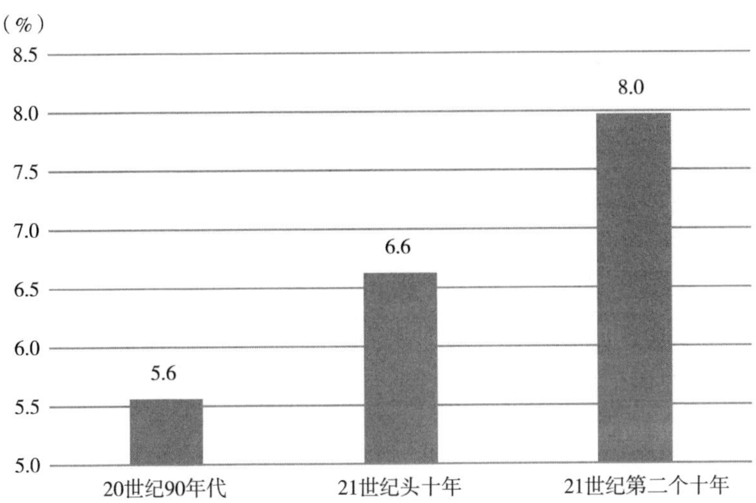

图4－4　《学前教育研究》实证类论文占比（1994—2018）

揭示出该学科的总体内容特征及其发展趋势。[①] 本章研究主要对中国学前教育不同年代中的关键词进行了共词匹配、结构聚类等分析[②]，并通过 VOSviewer 可视化方法将结果呈现出来（详见图4－5、图4－6、图4－7）。

分析结果表明，中国学前教育研究领域中，既有各个年代始终坚持贯穿的"持久性"议题，也有因年代背景不同而演变的"时代性"议题。"农村""游戏""家庭教育""幼儿教师"这四个关键词是中国学前教育研究各个年代中都持续关注的重要议题。

从时代脉络来看，20 世纪 90 年代注重对发达国家的借鉴研究，特别是对日本、美国关注较多；此外，20 世纪 90 年代还主要关注学前班、小班（阶段）、园长、管理、课程角色游戏等。

---

① 陈立新：《信息计量学——理论探索与案例研究》，科学技术文献出版社 2017 年版，第 46 页。

② 20 世纪 90 年代处于学术发展的早期阶段，学术论文在结构与形式上尚不完全规范，因此，90 年代的论文当中并没有直接列出关键词。对此，笔者主要根据论文题目，对 90 年代的关键词进行了人工填补。

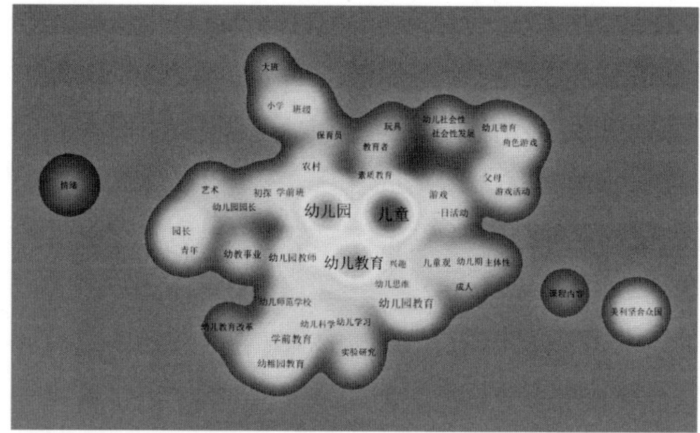

图4－5　《学前教育研究》20世纪90年代学术热点聚类与可视化（1994—1999）

21世纪头十年则体现出更多的本土关怀与回归，此外本年代的学术热点还呈现出以下一些特点：对学前教育的师资队伍建设研究比上一年代更为突出，幼儿教师的专业成长与发展、园本教研等成为重要议题；学科的自为性显著提高，充分体现为学前教育的硕士与博士培养问题成为研究热点；早期阅读开始受到关注。

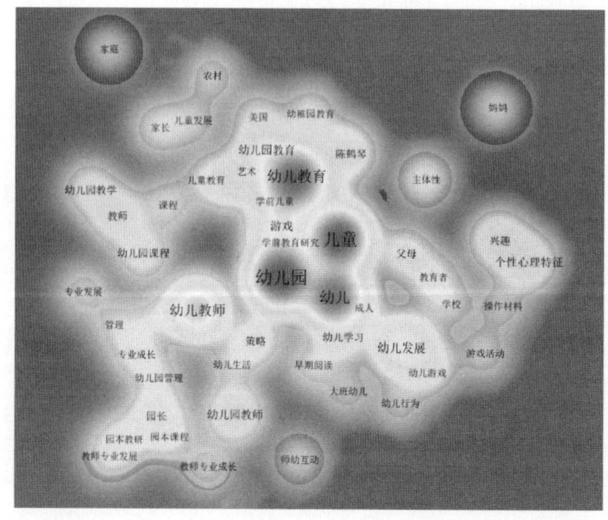

图4－6　《学前教育研究》21世纪头十年学术热点聚类与可视化（2000—2009）

进入21世纪第二个十年，学术研究的核心议题愈加清晰化，主要聚焦于幼儿园教师专业发展与成长、课程与教学资源利用、农村学前教育问题、学前教育内容四个方面。在幼儿园教师专业发展与成长方面，主要关注幼儿教师的专业发展、幼儿园管理等；在课程与教学资源利用方面，主要关注园本课程、幼儿园教学、教育资源、游戏等；在农村学前教育问题方面，主要聚焦于政府责任、政府主导等议题；在学前教育内容方面，重点围绕环境教育、语言教育、艺术教育、早期阅读等问题展开研究。

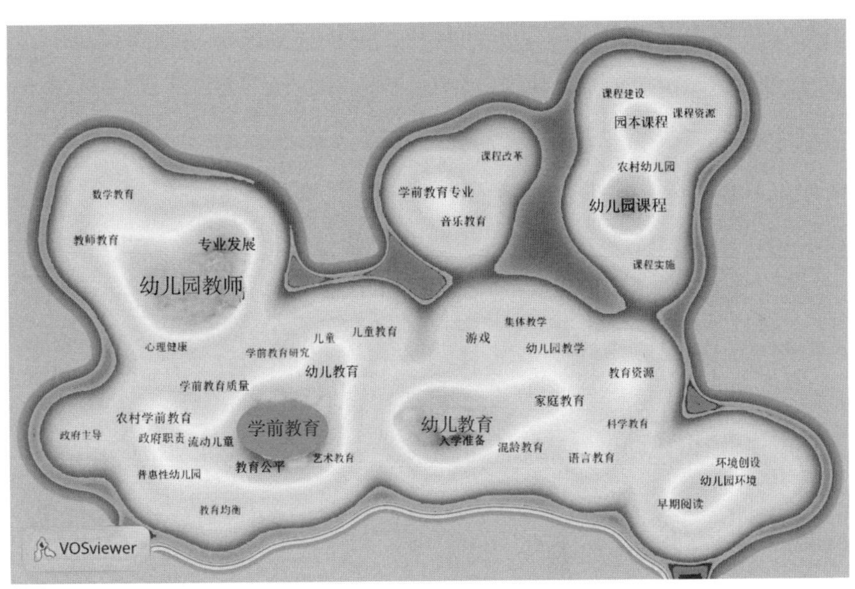

图4－7　《学前教育研究》21世纪第二个十年学术热点聚类分析与可视化（2010—2018）

第四节　结论

本章研究以《学前教育研究》为分析对象，对20世纪90年代以来中国学前教育学术研究的演变历程进行了科学计量分析。结果表明，近几十年来，中国学前教育领域取得了较为丰硕的研究成果，学术研究正在迈向更加成熟的水准与平台。但同时也发现，该领域的学术研究也存在着一些问题与有待改进之处，以下将总结本章研究的主要结论并提出一些具有针对性的建议。

一 中国学前教育研究已经由学术初创期步入学术成熟期，学术论文质量不断提高，应当继续坚持“少而精”“求内涵”“重质量”的精品化学术路线

在某一领域学术发展的早期阶段，由于学术研究的规范尚未充分建立，学科的内涵与核心议题尚未受到足够清晰地体认，再加上早期阶段中真空“处女地”必然大量存在以致亟待开垦，这些因素综合作用下来使得某一领域发展早期阶段刊发论文的数量必然需要经历一段“量”的激增与扩张期。这一时期的典型特征是发文量相对较大，论文篇幅相对较为短小，篇均被引相对不高。这一时期通常会持续一定的时间，但终究不属于最后的常态。随着学术规范的充分建立，学科内涵的清晰体认以及学术领域中“真空地带”的不断开垦与减少，某一学术领域中的刊发论文数量必定会选择转向“量”的递减与紧缩期。这一时期的典型特征是发文量相对较少，论文篇幅相对较长，篇均被引相对较高。这种转向的实质在于从学术初创期较为注重外在的论文数量，逐渐演变为学术成熟期更为注重内在的论文质量。

上述学术研究的发展阶段模式，在中国学前教育研究领域中也有着充分的体现。首先，从年度期均载文量来看，中国学前教育研究在2000 年之前大致处于学术发展的初创期，发文量在 2000 年左右达到了最高峰值；其后开始逐年回落，尤其是最近几来，年度期均载文量较为稳定地保持在 10 篇左右。其次，从论文篇幅的均值演变来看，中国学前教育领域中的学术论文，20 世纪 90 年代篇幅均值为 2. 43

页，21 世纪头十年篇幅均值升至 2. 53 页，21 世纪第二个十年篇幅均值大幅升至 5. 56 页，特别是近几年来（2016 年至今），论文篇均页数都在 7 页以上。最后，从论文被引情况来看，20 世纪 90 年代的篇均被引为 5. 7 次，21 世纪头十年显著提升至 13. 8 次，21 世纪第二个十年则继续提升至 14. 6 次。以上几点充分说明近些年来，中国学前教育研究已经由学术初创期逐渐演变为学术成熟期。在多年的成长探索与发展历程中，中国学前教育研究领域中的学术论文质量显示出不断持续提升的强劲动力，学术含金量不断提高，学术影响力持续扩大。因此，对于正处于学术成熟期当中的中国学前教育研究，应当继续坚持“少而精”“求内涵”“重质量”的精品化学术路线。

二 学术研究的核心力量业已初步形成，呈现出“占比小、分量重”的显著学术优势，发挥着重要的研究导向与学术引领作用

随着核心学者与核心机构的形成，学术研究活动中的论文作者与研究机构并不遵循规则的正态分布。与之相反，累积优势理论指出，在学术研究中，存在着非常普遍而显著的分层现象，也即学术界是一个高度分层的和精英的系统，它在产出和奖励上呈偏态分布[①]。通过对核心学者以及核心机构的分析表明，当前，中国学前教育领域中的核心学者共计 212 位，占比 21. 54%，而发文占比却超过四成（41. 55%）；核心机构共计 31 个，占比 6. 60%，而发文占比却接近半数（49. 82%）。由此可见，在中国学前教育学术领域中，也广泛存在着学术分层现象，核心学者与核心机构群业已初步形成，呈现出“占比小、分量重”的显著学术优势。从学术生产与学科建设的角度来讲，作为“生产者”的学科队伍是学科生产必不可少的投入要素，

① Knorr K. D. , Mittermeir R. , “Publication Productivity and Professional Position: Cross-national Evidence on the Role of Organizations”, *Scientometrics*, Vol. 2, No. 2, 2005, pp. 95 – 120.

必将极大地影响学科的最终产出。因此，学科与学术研究队伍要尽可能地保持稳定性与延续性。[①] 这启示我们，在中国学前教育领域的学术研究中，今后应当继续不断重视与加强核心学术力量的建设，充分发挥核心学术力量的导向与引领作用。

三 已经形成了学术研究的传统强省，但也存在着部分学术薄弱地区，应当进一步有意识地提升学术薄弱地区的整体研究实力，给予适当的倾斜与扶持

当前，在不断争相加强智库建设的今天，某一地区在某一领域的整体学术研究实力已然成为重要的地区优势资源与竞争软实力指标之一。此外，地区分布差异还在一定程度上反映了某一地区对某一学术研究领域的重视程度以及活跃程度。[②] 研究显示，中国学前教育学术研究领域中，实力处于第一方阵的传统强省为以下 8 个地区：江苏、北京、湖南、上海、重庆、浙江、福建、广东。从当前（即 21 世纪第二个十年）第三方阵的情况来看，江西、海南、内蒙古、青海、宁夏、西藏的发文量均为个位数甚至为零，属于中国学前教育研究学术实力较为薄弱的地区，学术话语力量微弱。尽管必须承认，学术研究活动中的偏态或非均衡性现象广泛存在，具有“强者恒强”的累积优势理论（Cumulative Advantage）或曰马太效应[③]，但是，在尊重学术研究偏态规律的基础上，也应当进一步有意识地、适当地加强与提升学术薄弱地区的整体研究实力，予以适当的倾斜与扶持。

---

① 刘小强：《一流学科建设就是建设一流的学科生产能力》，《学位与研究生教育》2018 年第 6 期。

② 陆晓红：《基于 Web of Science 的知识研究文献计量分析》，《情报科学》2009 年第 12 期。

③ Merton R. K.，“The Matthew Effect in Science”，*Science*，Vol. 159，No. 3810，December 1968，p. 56.

四 学术合作显著加强，但机构合作率显著低于作者合作率，进一步有意识地推进不同机构间的深度学术合作应是今后重点努力的方向之一

良好的学术合作能够在互动交流、资源互补的基础上，激发出更加广阔的研究视角、更加多维的研究思路、更加新颖的研究方法，从这个角度来看学术合作对于科学研究与创新具有重要的意义。[①] 通常情况下，学术合作可分为作者合作与机构合作两种形式。研究结果显示，中国学前教育学术领域中的作者合作率已由20世纪90年代的“孤军奋战”式的低合作率（17.5%）提升至当前接近半数的合作率（49.1%）；机构合作率也从20世纪90年代4.5%的低合作率提升至当前的23.9%。这充分说明，随着时代的发展与变迁，中国学前教育研究领域中的学术合作正在不断显著加强。

但是也应当注意到问题所在：机构合作率远不及作者合作率。这反映出，中国学前教育研究领域中的学术合作形式往往囿于同一机构内的作者合作，而不同机构之间的跨机构学术合作与协同则相对较为薄弱。有研究指出，科学合作影响科学绩效，而且合作模式不同，科学绩效也会不同，作者合作、机构合作都与论文影响力之间存在着正相关关系。[②] 因此，除进一步加强作者合作之外，还应当进一步有意识地推进不同机构间的深度学术合作，如此才能真正促进学术思想与范式的多样性、构建协同创新的学术生态，进而提升学术研究的质量与深度。

---

① 郝若扬、逯万辉：《中国人文社会科学学术合作特征演变研究》，《情报杂志》2018年第6期。

② 杨瑞仙、李贤：《科学合作与论文影响力之间的相关性研究》，《现代情报》2019年第4期。

五　实证趋势不断加强，但总体而言实证研究论文仍然数量少、占比低，应当继续加大实证研究的力度，并着力于加强实证研究的深度

近年来，进一步深入加强实证研究已逐渐成为中国教育学界诸多研究者的共识。正如袁振国教授所论证指出的，（尽管）科学并不是思考和解决人类问题的唯一方法，哲学、文学、艺术、宗教等对人类的发展都具有不可替代的重要作用，但作为科学学科的建设来说，科学化程度是衡量学科成熟的唯一标准，实证研究是教育学走向科学的必要途径。实证研究首先是一种精神，一种研究规则，一套方法体系，是精神、规则和方法的有机结合。①

本研究表明，中国学前教育学术研究的实证趋势处于不断加强的状态，但就整体而言，实证类论文的总占比尚不足一成。这说明，当前中国学前教育学术领域中的实证研究论文仍然较为稀缺。这一问题的真正实质在于，教育现实实践的需求与教育学术研究的供给矛盾没有处理好。一方面，现实实践在客观上呼唤着实证范式在教育研究中大有可为，中国当前教育实践中的很多问题都亟待于实证范式以自己特有的方式予以解答并提出建设性的方案。另一方面，实证范式可以划分为描述性事实研究（客观事实研究）、归纳性规律研究（理论建构研究）、演绎性验证研究（理论验证研究）三大结构类型框架；对照此框架可以发现，中国的教育实证范式主要集中在描述性事实研究（客观事实研究）类型上，而归纳性规律研究（理论建构研究）相对稀缺，演绎性验证研究（理论验证研究）更是凤毛麟角。② 因此，今后还应当继续有意识地进一步择优发表那些高质量、有深度的实证研

---

① 袁振国：《实证研究是教育学走向科学的必要途径》，《华东师范大学学报》（教育科学版）2017 年第 3 期。

② 赵志纯、安静：《中国实证范式的缘起、本土特征及其之于教育研究的意义——兼论中西实证范式脉络的异同》，《全球教育展望》2018 年第 8 期。

究论文，持续推进中国学前教育学术研究的规范化与科学化，如此才能解决好教育现实实践需求庞大与教育实证研究供给不足的问题，从而最终进一步繁荣中国学前教育的理论与实践。

六　“农村”“游戏”“家庭教育”“幼儿教师”是中国学前教育研究各个年代都持续关注的主题聚焦。在学术议题上，既具有贯穿不同年代的延续性，也具有体现不同年代特点的独特性

分析结果显示，“农村”“游戏”“家庭教育”“幼儿教师”这四个关键词是中国学前教育研究各个年代中都持续关注的重要议题。这其中尤其值得注意的是，无论哪个年代，研究者都对中国农村的学前教育极为关注。例如，20 世纪 90 年代，中央教科所发表了其研究成果《中国农村幼儿教育体系的探索》[①]，被引 10 次，高于同时代 5.7 次的篇均被引；21 世纪头十年的研究成果《中国农村幼儿教育的发展与变革》[②]，被引 83 次，远远高于同时代 13.8 次的篇均被引；21 世纪第二个十年的论文《中国农村学前教育发展中的问题、困难及其发展路向》[③]，被引 76 次，也是远远高于同时代 14.6 次的篇均被引。这充分体现出中国学前教育学者对学前教育城乡均衡发展、注重城乡教育公平的学术理念与执着追求。

从时代脉络来看，20 世纪 90 年代，中国学前教育学术研究处于发展的早期阶段，因此更多地注重对发达国家进行借鉴性研究，其中，尤其是对日本、美国关注较多；此外，20 世纪 90 年代还主要关注学前班、小班（阶段）、园长、管理、课程角色游戏等。21 世纪头十年，随着学术研究水平的进一步提升以及文化自信程度的进一步提

① 中央教科所“农村学前教育项目”课题组：《中国农村幼儿教育体系的探索》，《学前教育研究》1995 年第 4 期。

② 唐淑：《中国农村幼儿教育的发展与变革》，《学前教育研究》2005 年第 6 期。

③ 刘晓红：《中国农村学前教育发展中的问题、困难及其发展路向》，《学前教育研究》2012 年第 3 期。

高，则体现出更多的本土关怀与回归，这突出地体现在中国学前教育家陈鹤琴先生成为本年代学术研究的热点。另外，由于2000年前后世界范围内掀起了教师专业化与课程改革浪潮，中国学前教育在学术研究中也顺应了这一时代的潮流，在学术研究中加强了幼儿教师的专业发展与园本教研方面的研究。进入21世纪第二个十年，除继续加强与关注幼儿教师专业发展、园本课程之外，尤其值得注意的是，在农村学前教育问题方面，更加着力于研究政府在学前教育中的责任与主导作用。另外，还可以注意到，环境教育成为本年代的重要议题，这也折射出当前的时代背景，充分体现了鲜明的时代特征。总体而言，从学术议题车辙的演变趋势来看，中国学前教育学术研究发展脉络的总体路向是越走越加清晰，而在学术议题上既具有贯穿不同年代的延续性，也具有体现不同年代特点的独特性。

第五章 中国特殊教育研究的时代演变与发展趋势

第一节 引言

学术期刊是研究成果发表和交流的重要载体，是学科建设、实务管理、新人培养、专业信息传播的重要阵地。[①] 因此，对某一领域中的学术期刊及其载文进行研究与分析具有重要的学术价值与意义。《中国特殊教育》（*Chinese Journal of Special Education*）是由教育部主管、中央教育科学研究院主办的一本重要学术期刊。《中国特殊教育》于1994年创刊，当时刊名为《特殊儿童与师资研究》。由于中国特殊教育事业的发展迅速，特殊教育的研究范围已经远远超出了对师资与儿童的研究，1996年4月，经国家新闻出版总署批准，《特殊儿童与师资研究》正式更名为《中国特殊教育》。作为反映中国特殊教育研究最高水平的平台与窗口，《中国特殊教育》不仅在中国特殊教育界享有很高的声誉，在国际上也具有一定影响。

本章研究以中国特殊教育学术界的最具代表性刊物《中国特殊教育》为考察对象，采用元研究的径路取向以及科学计量的分析方

---

① 叶继元：《学术期刊的质量与创新评价》，《浙江大学学报》（人文社会科学版）2013年第2期。

法，全覆盖式收集其 1994 年创刊至 2018 年底（数据收集截点）的科学计量信息并展开大数据分析，尝试勾勒出中国特殊教育学术研究的发展轨迹与趋势，力争为中国特殊教育学术研究水准的深度提升提供科学计量范式视角下的省思与参考。

第二节　研究方法

从整体的方法论视角来看，本章研究主要采用元研究的径路取向与科学计量的分析方法。

就具体的方法过程而言，本章研究以中国特殊教育学术研究的时代演变与发展趋势为核心议题，选取中国特殊教育领域中最具代表性的学术刊物《中国特殊教育》（1994—2018 年）作为研究分析对象，全覆盖收集该学术期刊自 1994 年创刊至 2018 年底（数据收集截点）的若干科学计量关键指标与信息，运用统计方法展开分析。本研究所使用的科学计量数据信息全部源自中国知网（CNKI），总共收集到 3885 篇论文，共计剔除了诸如来稿须知、学位论文提要、会议综述、年度总目录、广告、简讯等非学术性信息 191 篇，最终得到有效样本论文 3694 篇。本研究统一采用 SPSS（22. 0 版）、Excel（2013 版）、VOSviewer（1. 6 版）对收集到的计量信息数据进行管理与分析。

第三节　研究结果与分析

一　期刊学术质量分析

对于期刊的学术质量分析，尽管可以选择影响因子（IF）作为衡量指标，[①] 但影响因子仅仅是一个静态的横断面指标，它无法动态

① 李杰编著：《科学计量与知识网络分析：方法与实践》，首都经济贸易大学出版社 2018 年版，第 38 页。

地反映出一个较长的时期内，某一领域学术质量的历时性演变与趋势。因此，本研究主要选择了年度期均载文量、论文篇幅、论文被引三个指标来刻画《中国特殊教育》的学术质量发展变化。图5－1显示了该期刊自1994年至2018年期间两个指标的演变与趋势①。

首先，从年度期均载文量来看，在20世纪90年代刊物初创时期，呈非常明显的增量提升趋势，在2000年达到了第一次峰值（约19篇之多），之后略有波动，最终在2004年达到了最高峰值（接近21篇）；此后，开始呈较为明显的回落趋势，尤其是近年来，回落趋势更加显著，目前基本保持在期均载文量15篇左右。这说明，《中国特殊教育》近年来加强了“宏观调控”，采取了较为“紧缩的”发文政策，严格把控了发文数量，体现出宁缺毋滥、少而精的学术理念导向。

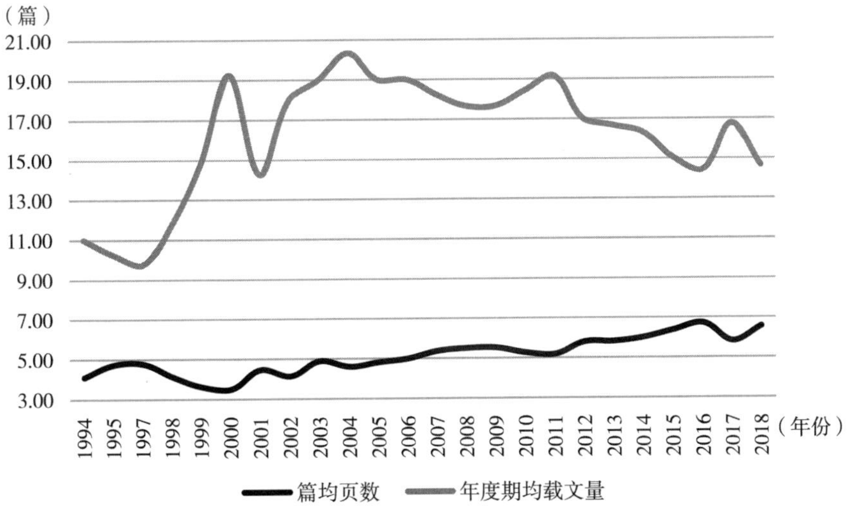

图5－1　《中国特殊教育》年度载文量与论文篇幅演变与趋势（1994—2018）

---

① 1996年，由于期刊进行调整、更名等原因致使当年载文量出现异常，因此，1996年的数据并未纳入本图的计算当中。

其次，从论文篇幅来分析，可以发现，20 世纪 90 年代的篇均页数趋势曲线有所波动，并且篇幅都在 5 页以内（均值为 4.27 页）；到了 21 世纪头十年，论文篇幅显示出较为稳定的上升趋势（均值为 4.78 页），但上升曲线相对较为平缓；进入 21 世纪第二个十年之后，论文篇幅的上升趋势更加明显（均值为 5.95 页），特别是近几年来，论文篇幅基本接近 7 页。

最后，从论文被引情况来看，《中国特殊教育》创刊以来至 2017 年底，共计发表学术论文 3518 篇，总被引量为 46464 次（表 5 - 1 展示出了《中国特殊教育》20 篇最高被引频次的论文），篇均被引高达 13.2 次；零被引论文 249 篇，占比仅为 7.1%，零被引论文占比较低。

表 5 - 1 《中国特殊教育》20 篇最高被引频次论文（1994—2017）

序号	篇名	年度	第一作者	被引（次）
1	中国中小学生积极心理品质量表编制报告	2009	官群	192
2	中国大学生积极心理品质量表编制报告	2009	孟万金	180
3	关于全纳教育思想的几点理论回顾及其对我们的启示	2003	邓猛	153
4	中国的随班就读：历史 · 现状 · 展望	2005	肖非	136
5	亲子关系研究的主要进展	2006	王云峰	135
6	近现代西方残疾人社会福利保障的价值理念及实践启示	2007	李莉	131
7	北京市公立学校与打工子弟学校流动儿童学校适应的比较研究	2009	李晓巍	122
8	数学学习困难及其心理分析	2003	胥兴春	121
9	大学生手机成瘾与孤独感、人格特质的关系研究	2012	王相英	118
10	自闭症诊断与干预研究综述	2006	尤娜	115
11	大学生社会支持、核心自我评价与主观幸福感的关系研究	2009	杨晓峰	100
12	聋哑学生心理健康状况的初步调查	2000	林于萍	100
13	特殊儿童家庭社会支持情况调查报告	2006	黄晶晶	99

续表

序号	篇名	年度	第一作者	被引（次）
14	特殊教育教师心理健康状况的调查研究	2004	徐美贞	98
15	不同监护类型留守儿童与普通儿童心理发展状况的比较研究	2008	高亚兵	98
16	聋人大学生心理健康状况及相关因素分析	2004	李强	92
17	浅谈残疾学生体育教育	2000	郝传萍	92
18	大学生积极心理品质培养研究	2010	王新波	91
19	中国中小学生积极心理品质数据库建设新进展	2010	王新波	89
20	残疾儿童随班就读质量影响因素的调查	2016	王洙	88

二　核心学术力量分析

核心学术力量是指那些发文量较多、影响力较大的作者或机构，也即包括核心作者与核心地区两个指标，他们（它们）在其学术领域中发挥着重要的引领与导向作用。对于核心学术力量的确定，仍普赖斯提出的发文下限基线值测算公式 $N \approx 0.749\sqrt{N_{max}}$ 进行计算。[①] 其中，N_{max} 为该领域最高产作者或机构的发文数量，N 即为该领域核心学术力量发文数的最低基线值。

首先，对核心作者进行分析。如表 5－2 所示，从绝对数量来看，核心作者的数量与发文量从 20 世纪 90 年代（37 位、96 篇）至 21 世纪头十年（89 位、580 篇）均有较大的增长，21 世纪第二个十年则有下降的趋势（77 位、499 篇）；从相对数量来看，核心作者的占比呈较为明显的持续性下降趋势，20 世纪 90 年代，核心作者占比为 20.56%，至 21 世纪头十年降幅较大，降至 9.66%，21 世纪第二个十年则降至 7.20%；另外，核心作者发文量的占比也呈持续性下降趋势，

① 李杰编著：《科学计量与知识网络分析：方法与实践》，首都经济贸易大学出版社 2018 年版，第 33 页。

从20世纪90年代的40.17%降至21世纪头十年的28.30%。

表5－2　中国特殊教育研究领域中的核心学术力量分析（1994—2018）

		下限基线值N	核心数量	总数量	核心占比（%）	核心力量发文量（篇）	发文总量（篇）	核心发文占比（%）
核心作者	20世纪90年代	2	37	180	20.56	96	239	40.17
	21世纪头十年	4	89	921	9.66	580	1655	35.05
	21世纪第二个十年	4	77	1070	7.20	499	1763	28.30
核心机构	20世纪90年代	4	13	120	10.83	100	234	42.74
	21世纪头十年	11	24	338	7.10	1052	1646	63.91
	21世纪第二个十年	12	20	387	5.17	983	1750	56.17

其次，对核心机构进行分析。如表5－2所示，从绝对数量来看，核心机构的数量与发文量从20世纪90年代（13个、100篇）至21世纪头十年（24个、1052篇）有较大的增长，21世纪第二个十年则有下降的趋势（20个、983篇）。从相对数量来看，核心机构的占比也呈现出较为明显的下降趋势，从20世纪90年代的10.83%下降至21世纪的第二个十年的5.17%；此外，核心机构的发文量占比不稳定，较为波动起伏。20世纪90年代，发文占比42.74%，21世纪头十年上升至63.91%，21世纪第二个十年则又有所下降，降至56.17%。

以上通过对核心作者、核心机构的分析表明，中国特殊教育领域的核心学术力量尽管已经初步形成，但学术研究队伍与机构尚不够稳定，近年来甚至呈现出逐年削弱的趋势。换言之，目前中国特殊教育研究领域中的学术核心力量较缺乏聚合性，显示出离散化与稀释化的特征。

三　学术研究的地区分布分析

发文量的地区分布差异体现出中国不同地区特殊教育学术研究实力的强弱。根据发文量把不同省份划分为三类地区方阵，对地区分布情况进行统计分析（如表5-3所示）主要有如下一些发现。第一，当前（21世纪第二个十年）中国特殊教育学术领域中研究实力较强的地区主要包括（第一方阵）北京、山东、江苏、上海、浙江、湖北、重庆、广东、陕西、四川，其中，北京、山东、江苏、上海四个地区为中国当前特殊教育研究的最核心重镇，它们的发文量都在150篇以上，具有绝对的学术优势；另外，除广东和四川外，其他8个省份地区在20世纪90年代、21世纪头十年也都稳居中国特殊教育学术领域中的第一方阵，属于传统意义上的特殊教育学术研究强省。第二，发展提升最为显著的省份主要包括贵州、黑龙江、河南、广西、江西5个省份，这5个省份地区都是从20世纪90年代的“底层”（0发文量），不断持续提升跻身至21世纪第二个十年的第二方阵。第三，从当前（21世纪第二个十年）第三方阵的情况来看，中国特殊教育学术研究较为薄弱的省份主要包括河北、甘肃、湖南、新疆、内蒙古、山西、云南、宁夏、海南、西藏、青海。

表5-3　中国特殊教育研究不同年代的载文地区分布（1994—2018）

方阵	20世纪90年代		21世纪头十年		21世纪第二个十年	
	省份	发文量（篇）	省份	发文量（篇）	省份	发文量（篇）
第一方阵	北京	75	北京	444	北京	558
	上海	21	上海	248	山东	158 ↑
	江苏	20	江苏	159	江苏	152
	浙江	18	浙江	107	上海	151 ↓
	重庆	17	重庆	106	浙江	83 ↓

续表

方阵	20 世纪 90 年代		21 世纪头十年		21 世纪第二个十年	
	省份	发文量（篇）	省份	发文量（篇）	省份	发文量（篇）
第一方阵	天津	16	山东	75 ↑	湖北	83 ↑
	辽宁	13	广东	62 ↑	重庆	76 ↓
	陕西	10	陕西	60	广东	68 ↓
	湖北	6	辽宁	59 ↓	陕西	52 ↓
	山东	5	湖北	57 ↓	四川	40 ↑
第二方阵	安徽	4	湖南	41 ↑	安徽	32 ↑
	广东	4	吉林	33 ↑	辽宁	30 ↓
	山西	2	河北	27 ↑	福建	24 ↑
	湖南	2	福建	25 ↑	贵州	23 ↑
	云南	2	天津	23 ↓	黑龙江	22 ↑
	河北	1	四川	21 ↑	河南	20 ↑
	内蒙古	1	河南	14 ↑	天津	19 ↓
	吉林	1	甘肃	11 ↑	广西	19 ↑
	福建	1	黑龙江	10 ↑	江西	17 ↑
	四川	1	安徽	10 ↓	吉林	15 ↓
第三方阵	青海	1	江西	10 ↑	河北	14 ↓
	甘肃	0	云南	8 ↓	甘肃	14 ↓
	宁夏	0	山西	4 ↓	湖南	13 ↓
	新疆	0	内蒙古	4 ↓	内蒙古	12
	西藏	0	贵州	4 ↑	新疆	11 ↑
	贵州	0	宁夏	4 ↑	山西	4 ↓
	江西	0	广西	3 ↑	宁夏	4 ↓
	海南	0	新疆	1 ↑	云南	3 ↓
	广西	0	青海	0 ↓	海南	3 ↑
	河南	0	海南	0	西藏	2 ↑
	黑龙江	0	西藏	0	青海	0

注：①省份包括自治区、直辖市；②表中不包括中国台湾省以及香港、澳门特别行政区。③“↑”表示位次上升或新进入排名；“↓”表示位次下降。

四　学术合作分析

不同作者之间进行论文合著是学术合作最直接的体现。随着某一学科领域学术研究的成熟，学术队伍与研究规模的不断扩大，学术成果的合著应当成为研究产出的重要形式。通过统计合著人数的数量，计算合著人数占全体研究人员的比例可以判断合著率的增长变化情况。[①] 作者合著可以区分为以下两种情况，一种是同一机构[②]内的合著；另一种是不同机构间的合著。图 5－2 呈现了《中国特殊教育》在学术合作与合著方面的变化趋势。

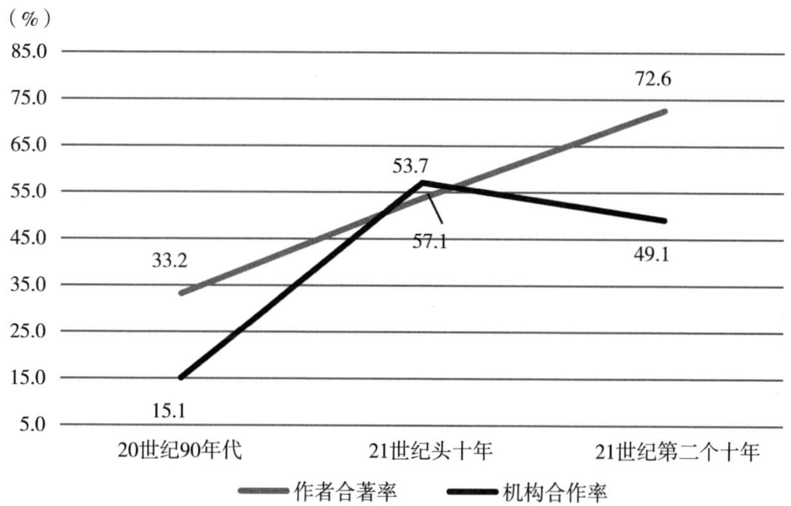

图 5－2　《中国特殊教育》学术合作情况的变化趋势（1994—2018）

其一，从作者合著率的情况来看，20 世纪 90 年代以“孤军奋

① 邱均平、赵蓉英、董克编著：《科学计量学》，科学出版社 2016 年版，第 15 页。

② 此处的“机构”主要是指各个大学、科研院所等，它们是具有完全意义上的独立实体性质的研究机构（或学术机构）；同一所大学下设的各个二级学院由于不具备完全意义上的独立实体性质，因而不属于此处的“机构”范畴。

战”为主要的学术研究方式，作者合著率仅为33.2%；进入21世纪头十年之后，作者合著率显著提升，合著比例超过半数（53.7%）；进入21世纪第二个十年后，学术合作更为显著加强，作者合著率已经高达72.6%。其二，从机构合作率的情况来看，学术合作的加强趋势也非常明显，从最初20世纪90年代15.1%的机构合作率，逐步提升为21世纪第二个十年的49.1%，已经接近半数。综合以上两点可以充分说明，中国特殊教育研究领域中的学术合作与协同取得了长足的进步，学术合作与协同趋势不断加强；但同时也应当注意到存在的问题，即不同机构之间的协同与合作率发展相对较为缓慢且不稳定，数据起伏波动较大，这反映出，尽管研究者之间的合作率较高，但主要囿于同一机构内的学术合作，而不同机构之间的跨机构合作与协同相对较为薄弱。

五　学术研究的热点聚焦与可视化

学术热点主要体现在关键词上。关键词是作者论文核心内容的简明表述，是表达论文主题概念的自然语言词汇。一个学科较长时间大量学术论文关键词的集合，可以揭示该学科的总体内容特征及其发展趋势。[①] 本研究主要对各年代中的高频热点关键词进行了共词矩阵匹配、结构聚类分析等，并通过可视化技术将结果呈现出来（详见图5-3、图5-4、图5-5）。

分析结果表明，“随班就读”“孤独症”是各个年代一以贯之的重要主题，从国别来看，尤其注重对美国特殊教育的借鉴。除上述几个热点关键词之外，从各个年代的学术热点来看，20世纪90年代主要关注听力残疾儿童、智力低下儿童、课程改革、盲校与聋校及其课

---

① 陈立新：《信息计量学——理论探索与案例研究》，科学技术文献出版社2017年版，第46页。

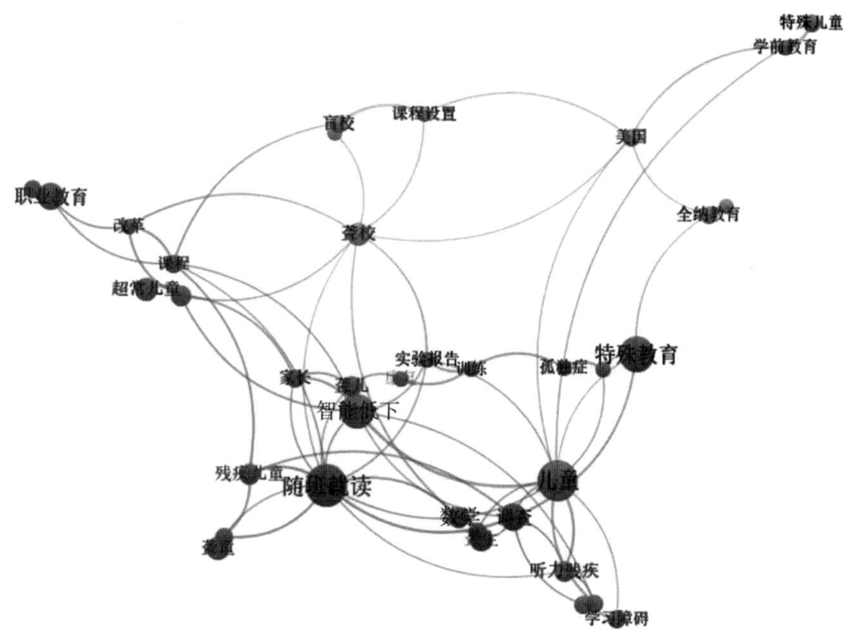

图 5－3　《中国特殊教育》20 世纪 90 年代学术热点可视化（1994—1999）

程设置、特殊儿童学前教育、全纳教育、数学学习等。到 21 世纪头十年，如果说在研究的人物对象上，20 世纪 90 年代更关注特殊教育中的儿童，那么 21 世纪头十年则更侧重特殊教育中的教师，此外，21 世纪头十年还关注心理健康、应对方式、学习困难、学习障碍、聋生、聋校、手语、全纳教育、孤独症儿童的心理理论与干预等。21 世纪第二个十年在学术聚焦与学术趋势上，主要呈现出两大特征：其一是随着互联网、智能手机的全面普及，网络成瘾成为重点关注的主题之一；其二是该年代心理学化的范式转型较为明显，社会支持、自尊、心理韧性、调节作用、中介作用、心理健康、职业倦怠、积极心理健康教育等心理学问题成为研究热点，这些主题几乎占据了特殊教育研究领域中的“半壁江山”。

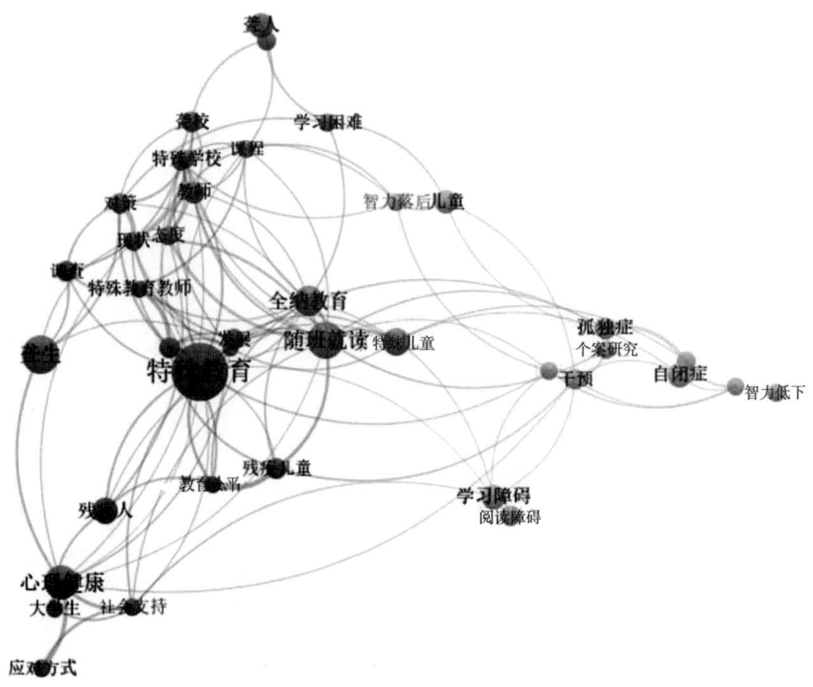

图5－4　《中国特殊教育》21世纪头十年年学术热点可视化（2000—2009）

六　学术研究的实证性趋势分析

近年来，进一步深入加强实证研究已逐渐成为学界诸多研究者的共识。本研究对中国特殊教育研究领域中的实证①趋势也给予了考察。以每篇论文的题目为考察单位，在其中提取“实证”“调查”“实验”“个案”“调研报告”等若干具有实证属性的词汇，结果如图5－6所示：20世纪90年代，实证类论文仅有56篇，之后上升趋势非常显著，21世纪头十年上升至355篇，21世纪第二个十年则上升至447篇。由

① “实证研究”有广义与狭义之分，狭义的“实证研究”主要特指量化研究，而广义的“实证研究”不仅包括量化研究，还包括通过访谈、观察等质化手段进行的个案（案例）研究等；本章研究中，是在广义层面上使用“实证研究”一词的。

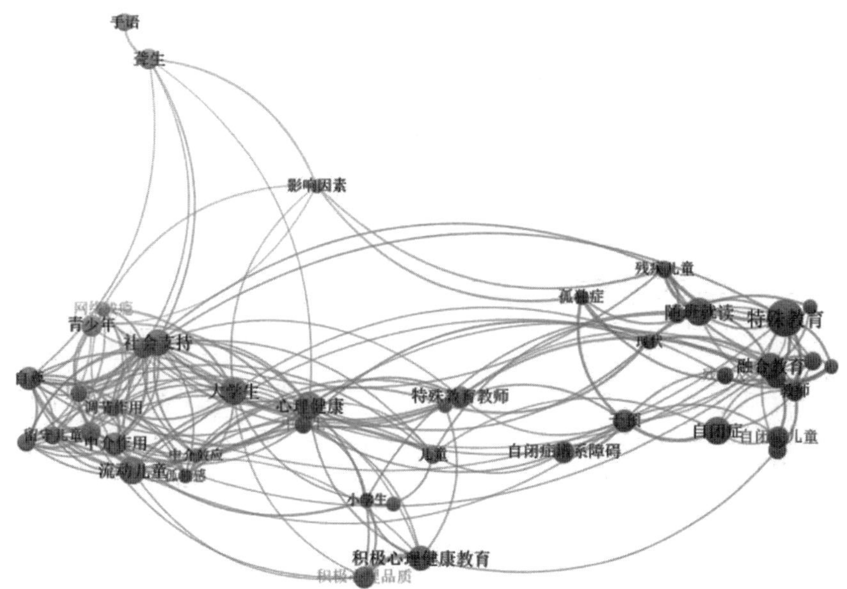

图 5－5　《中国特殊教育》21 世纪第二个十年学术热点可视化（2010—2018）

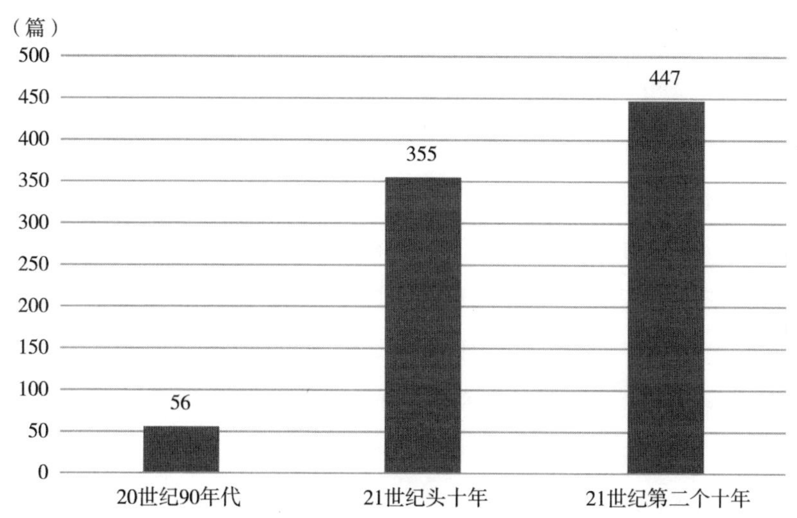

图 5－6　《中国特殊教育》实证类论文篇数统计（1994—2018）

此可见，中国特殊教育学术研究中的实证趋势处于不断加强的状态。另外，分析还发现，目前，中国特殊教育研究领域中的实证类论文共计发文 858 篇，而总发文量为 3694 篇，实证类论文的总体占比为 23.2%。这说明，当前中国特殊教育学术研究中的实证类论文总体体量不大、整体占比依然过小，因此，尚需进一步不断加强实证研究。

第四节　结论

本章研究以《中国特殊教育》期刊为例，对 20 世纪 90 年代以来中国特殊教育学术研究的时代演变与发展趋势进行了科学计量分析。结果表明，近几十年来，中国特殊教育领域取得了较为丰硕的研究成果，学术研究正在迈向更加成熟的水准与平台。但同时也发现，在该领域的研究中也存在着一些问题与有待改进之处，以下将总结本章的主要结论并提出一些具有针对性的建议。

一　学术研究质量与深度显著提升，应当继续坚持“少而精”“求内涵”“重质量”的精品化学术路线

本章通过对期均载文量、论文篇幅以及论文被引三个指标的综合考察证明，自 20 世纪 90 年代创刊以来，《中国特殊教育》的学术研究质量与深度得到了显著的提升。某一学科领域中的论文载文量能够反映出其在学术质量以及学术旨趣上的品位与追求。当然，载文数量既不是越多越好，也并非越少越好，而是应当在载文数量与论文篇幅长度、内容质量之间保持一种必要而适度的张力。就载文量来讲，有学者通过实证研究指出，在中国人文社会科学的学术期刊当中，那些办刊质量好，影响力高的期刊，普遍具有载文量不多，文章篇幅较长的特点。[①] 就论文篇幅而言，则有学者指出，论文的长度表面上似乎

① 梁碧芬：《基于统计的期刊论文篇幅与质量的关系再论证——兼谈期刊发文量与影响力》，《广西教育学院学报》2017 年第 3 期。

与论文的质量没有必然的关系，但论文的质量与论文信息量和解答问题的深度是有联系的，而论文的长度与这两者有很大关系。因此，论文的篇幅长度与论文的质量是有内在联系的。[①] 作为中国特殊教育研究领域中的核心学术阵地，《中国特殊教育》采取了较为“紧缩的”发文政策，严格把控了发文数量，而发文的论文篇幅长度逐年显著提升，这充分体现出宁缺毋滥、少而精的学术理念导向。这有效地保障了研究论文的学术质量，从而使得论文的篇均被引频次较高，零被引论文占比较低。因此，应当继续坚持“少而精”“求内涵”“重质量”的精品化学术路线。

二　学术研究的核心力量业已初步形成，但缺乏稳定性，表现出离散化与稀释化的特征倾向，应当进一步重视与加强学术队伍的培养与建设

核心学术力量是学术发展和提升的根基所在，主要包括核心作者与核心机构。通过对核心作者、核心机构的分析显示，中国特殊教育领域的核心学术力量尽管业已初步形成，但核心学术队伍与核心机构尚缺乏稳定性，表现出离散化与稀释化的特征倾向。从核心作者在不同年代的情况来看，其队伍数量占比与发文占比均呈现较为明显的下降趋势；再从核心机构在不同年代的情况来看，机构数量占比也呈持续性的下降趋势，并且核心机构的发文占比呈波动起伏的较不稳定状态，甚至在 21 世纪第二个十年比之上一年代出现了较为明显的下降。这些情况反映出，中国特殊教育研究的学术队伍目前在一定程度上呈“缩水”与“离散”的式微态势，这是应当引起足够重视的问题，如若任其自然地发展下去，很可能会削弱该领域的学术研究水平与学科

---

① 张倩：《国内外 6 种科技期刊刊载论文长度的统计分析》，《现代情报》2002 年第 4 期。

建设质量。有学者从学术生产与学科建设的角度论证指出，作为“生产者”的学科队伍是学科生产必不可少的投入要素，必将极大地影响学科的最终产出。因此，学科与学术研究队伍要尽可能地保持稳定性与延续性。[①] 这启示我们，在中国特殊教育领域的学术研究中，应当进一步重视与加强学术队伍的培养与建设，打造一支良好而稳定的学术梯队，如此才能真正有利于本领域的学术研究与学科发展。

三　存在着部分学术薄弱地区，应当进一步有意识地加强与提升学术薄弱地区的整体研究实力，给予适当的倾斜与扶持

在争相加强智库建设的今天，某一地区在某一领域的整体学术研究实力已然成为一种重要的地区优势资源与竞争软实力指标。此外，地区分布差异还在一定程度上反映出某一地区对某一学术研究领域的重视程度以及活跃程度。[②] 研究显示，中国特殊教育学术研究领域中，实力最强的四个地区为北京、山东、江苏、上海；发展提升较为突出的地区主要为贵州、黑龙江、河南、广西、江西；实力较为薄弱的地区主要包括河北、甘肃、湖南、新疆、内蒙古、山西、云南、宁夏、海南、西藏、青海。在这些学术实力较为薄弱的地区中，半数以上的地区都是少数民族较为集中的地区（藏、蒙、甘、青、宁、新），这说明中国少数民族地区的特殊教育学术力量单薄，话语力量微弱。尽管必须承认，学术研究活动中的偏态或非均衡性现象广泛存在，具有“强者恒强”的累积优势理论（Cumulative Advantage）或曰马太效应[③]，但是，在尊重学术研究偏态规律的基础上，也应当进

① 刘小强、彭颖晖：《一流学科建设就是建设一流的学科生产能力》，《学位与研究生教育》2018 年第 6 期。

② 陆晓红：《基于 Web of Science 的知识研究文献计量分析》，《情报科学》2009 年第 12 期。

③ Merton R. K.，“The Matthew Effect in Science”，*Science*，Vol. 159，No. 3810，December 1968，p. 56.

一步有意识地、适当地加强与提升学术薄弱地区的整体研究实力，予以适当的倾斜与扶持。

四　学术合作显著加强，但机构合作率显著低于作者合作率，进一步有意识地推进不同机构间的深度学术合作应是今后重点努力的方向之一

良好的学术合作能够在互动交流、资源互补的基础上，激发出更加广阔的研究视角、更加多维的研究思路、更加新颖的研究方法，从这个角度来看学术合作对于科学研究与创新具有重要的意义。[①] 通常情况下，学术合作可分为作者合作与机构合作两种形式。研究结果显示，随着时代的发展与变迁，中国特殊教育研究领域中的学术合作正在不断显著加强。作者合作率已由 20 世纪 90 年代的“孤军奋战”式的低合作率提升至当前 72.6% 的高合作率，机构合作率也从 20 世纪 90 年代 15.1% 的低合作率提升至当前的 49.1%。但是也应当注意到问题所在：机构合作率远不及作者合作率。这反映出，中国特殊教育研究领域中的学术合作形式往往囿于同一机构内的作者合作，而不同机构之间的跨机构学术合作与协同则相对较为薄弱。有研究指出，科学合作影响科学绩效，而且合作模式不同，科学绩效也会不同，作者合作、机构合作都与论文影响力之间存在着正相关关系。[②] 因此，除进一步加强作者合作之外，还应当进一步有意识地推进不同机构间的深度学术合作，如此才能真正促进学术思想与范式的多样性、构建协同创新的学术生态进而提升学术研究的质量与深度。

① 郝若扬、逯万辉：《中国人文社会科学学术合作特征演变研究》，《情报杂志》2018 年第 6 期。

② 杨瑞仙、李贤：《科学合作与论文影响力之间的相关性研究》，《现代情报》2019 年第 4 期。

五　“随班就读”“孤独症”是中国特殊教育研究长期聚焦的两大主题词。进入21世纪第二个十年以后，中国特殊教育研究呈现较为明显的心理学化范式转型，应当意识到这种范式转型的双刃剑效应

通过对关键词的共词矩阵分析与可视化研究表明，中国特殊教育学术领域中，最重要的两个关键词为“随班就读”和“孤独症”，它们是自20世纪90年代以来各个年代都高频呈现的两大主题词。随班就读是中国政府在解决残疾儿童入学问题方面采取的一种教育政策，是中国教育政策体系的构成部分之一。[①] 对随班就读这一主题的长期重视，实则深刻反映出的是中国特殊教育学术研究着眼于人本与融合、公平与公正的问题意识与价值导向。另外，有学者基于SSCI对国际上特殊教育研究（2000—2012年）的学术热点进行分析发现，孤独症是国际上该领域的学术热点之一。[②] 这说明中国特殊教育领域的学术研究能够有意识地注重吸收与借鉴国际先进的研究成果。但也应注意到，从国别来看，中国特殊教育研究尤其注重对美国的借鉴与学习，国别相对较为单一，对其他发达国家特殊教育学术成果的关注与借鉴相对较为零散与稀少。据此，应当采取更为多元化的博采众长的方式，更加广泛地吸收与借鉴发达国家积极有益的学术研究成果，同时也不忘初心，坚持西学中用，立足本土充分开展特殊教育研究。

本章研究还特别注意到，进入21世纪第二个十年以后，中国特殊教育研究呈现较为明显的心理学化范式转型。一方面，从学科交叉、学科互补的角度来讲，特殊教育的研究必然要涉及多个领域和多重学科。医学、遗传学、预防学、心理学、教育学、社会学、现代科

① 肖非：《中国的随班就读：历史·现状·展望》，《中国特殊教育》2005年第3期。

② 邱淞、潘黎、侯剑华：《国际特殊教育研究的热点领域和前沿演进——基于SSCI中最有影响力的十种特殊教育期刊文献的计量和可视化分析》，《中国特殊教育》2013年第7期。

技等都是与特殊教育的研究密切相关的学科。因此，中国特殊教育的研究应坚持走多学科齐头并进的发展道路。[①] 但另一方面，就学科特性及其自身的相对独立性而言，毋庸置疑，教育学术研究，在本性上具有自己的文化品格和价值准则，以生命关怀为己任，具有独特的学术品格。[②] 与邻近学科的借鉴合作与交叉协同固然非常必要，但一门独立学科的学术研究不能仅仅止步于此，特殊教育学术研究理应具备自身独特的学术关怀与追求。正如有学者所指出的：（当前）中国特殊教育学科体系尚不够成熟，需要进一步注重学科知识的积累，确立核心概念、范畴的内涵与其中的逻辑关系，建构公认的专门术语与话语体系，构建坚实的学科基础，使特殊教育学真正成长为体系严谨的独立学科。[③]

六　实证趋势不断加强，但总体而言实证研究论文仍然数量少、占比低，应当继续加大实证研究的力度，并着力于加强实证研究的深度

近年来，随着中国实证范式思想与方法的崛起，特别是《教育实证研究华东师范大学行动宣言》的庄严发布[④]，进一步深入加强实证研究已逐渐成为中国教育学界诸多研究者的共识。正如袁振国教授所论证指出的，（尽管）科学并不是思考和解决人类问题的唯一方法，哲学、文学、艺术、宗教等对人类的发展都具有不可替代的重要作用，但作为科学学科的建设来说，科学化程度是衡量学科成熟的唯一标准，实证研究是教育学走向科学的必要途径。实证研究首先是一种精神，一种研究规则，一套方法体系，是精神、规则和方法的有机

---

① 方俊明：《中国特殊教育研究的回顾与展望》，《中国特殊教育》2000 年第 1 期。

② 刘旭东、吴永胜：《教育的学术品格与教育实践》，《教育研究》2015 年第 9 期。

③ 邓猛、肖非：《特殊教育学科体系探析》，《中国特殊教育》2009 年第 6 期。

④ 华东师范大学：《教育实证研究华东师范大学行动宣言》，《华东师范大学学报》（教育科学版）2017 年第 3 期。

结合。[①]

本章研究表明，中国特殊教育学术研究的实证趋势处于不断加强的状态，但就整体而言，实证类论文的总占比尚不足四分之一（23.2%）。这说明，中国特殊教育学术领域中的实证研究论文仍然较为稀缺，而这一问题的真正实质在于，教育现实实践的需求与教育学术研究的供给矛盾没有处理好。一方面，现实实践在客观上呼唤着实证范式在教育研究中大有可为，中国当前教育实践中的很多问题都亟待于实证范式以自己特有的方式予以解答并提出建设性的方案。[②]另一方面，实证范式可以划分为描述性事实研究（客观事实研究）、归纳性规律研究（理论建构研究）、演绎性验证研究（理论验证研究）等三大结构类型框架；对照此框架可以发现，中国的教育实证范式主要集中在描述性事实研究（客观事实研究）类型上，而归纳性规律研究（理论建构研究）相对稀缺，演绎性验证研究（理论验证研究）更是凤毛麟角。[③] 因此，今后还应当继续有意识地进一步加大那些高质量、有深度的实证研究的发文量，持续推进中国特殊教育学术研究的规范化与科学化，如此才能解决好教育现实实践需求庞大与教育学术研究供给不足之间的矛盾，从而最终繁荣中国的特殊教育理论与实践。

---

① 袁振国：《实证研究是教育学走向科学的必要途径》，《华东师范大学学报》（教育科学版）2017 年第 3 期。

② 赵志纯、安静：《中国实证范式的缘起、本土特征及其之于教育研究的意义——兼论中西实证范式脉络的异同》，《全球教育展望》2018 年第 8 期。

③ 赵志纯、安静：《中国实证范式的缘起、本土特征及其之于教育研究的意义——兼论中西实证范式脉络的异同》，《全球教育展望》2018 年第 8 期。

第六章　中国教育实证研究的知识生产状况及其反思

第一节　问题的提出

近年来，随着《教育实证研究华东师范大学行动宣言》的发布[①]以及"全国教育实证研究论坛"连续多届在华东师范大学的成功举办，中国教育实证范式在"启蒙"中发展，[②]崇尚实证研究的风气已经逐步形成。[③]在这一氛围下，教育实证研究论文可谓雨后春笋般涌现，[④]以中国高等教育学术领域为例，研究表明，近年来实证研究论文比重不断加大。[⑤]面对如火如荼、飞速发展的教育实证研究，本章基于多学科间比较的视角，对其知识生产的趋势、现状等适时地进行分析与反思。

---

① 华东师范大学：《教育实证研究华东师范大学行动宣言》，《华东师范大学学报》（教育科学版）2017 年第 3 期。

② 赵志纯、安静：《中国实证范式的缘起、本土特征及其之于教育研究的意义——兼论中西实证范式脉络的异同》，《全球教育展望》2018 年第 8 期。

③ 袁振国：《科学问题与教育学知识增长》，《教育研究》2019 年第 4 期。

④ 安静、赵志纯：《教育实证研究中的数字游戏现象省思——兼论理论关怀及其基点性与归宿性》，《当代教育科学》2020 年第 10 期。

⑤ 赵志纯、何齐宗、安静、陈富：《中国高等教育学术研究的演变与发展趋势（1980—2019）：基于对六个 CSSCI 高等教育源刊的大数据分析》，《高等教育研究》2020 年第 4 期。

以教育实证研究的知识生产状况为对象进行的分析探讨，其实质属于元研究理论范畴。元研究译自英文 Meta-research，其中的“meta”一词最早出自古希腊的亚里士多德，他在其著作 *Metaphysics* 中提出，这是“关于作为是者（being）的是者的研究”，具有后（after）、超越（beyond）的意蕴。[①] 20 世纪 70 年代，外国教育领域“meta-”研究逐渐兴起，中国学界对此进行了引介与传播，中文译为“元”，表示更高水平的认识层次，强调反思。[②] 总之，元研究是指基于现有研究成果和研究活动而进行的再研究，也即对已有研究的再研究，[③] 是一种更高层次的、具有反思意义的学术研究。[④] 随着某一学科领域学术成果的日益增多，需要适时地开展元研究，通过对已有学术成果的分析梳理，总结该学科领域学术研究发展现状，审视、反思研究中存在的问题。

第二节　研究基础与脉络

早在 20 世纪 80 年代末，就有学者从学术研究科学化的角度对教育实证研究进行了理论探讨，[⑤] 回顾与梳理已有文献研究可以发现，以教育实证研究为对象开展的元研究主要集中在如下三大领域：第一类是有关教育实证研究的理论元研究，第二类是有关教育实证研究的具体技术问题阐发，第三类则是关于教育实证研究的计量元研究。

---

① Samuel Enoch Stumpf, James Fieser, *Socrates to Sartre and Beyond: A History of Philosophy 8th*, New York: McGraw Hill, 2007, p. 73.

② 侯怀银、时益之：《中国教育学元研究的探索：历程、进展和趋势》，《中国教育学刊》2019 年第 12 期。

③ 张道民：《元研究与反思方法及其在软科学研究中的地位和作用》，《中国软科学》1991 年第 3 期。

④ 彭知辉：《关于元研究的探索与思考》，《图书馆》2016 年第 11 期。

⑤ 叶澜、陈桂生、瞿葆奎：《向着科学化的目标前进——试述近十年中国教育研究方法的演进》，《中国教育学刊》1989 年第 3 期。

首先，从第一类情况来看，理论元研究的成果相对最为丰硕，主要围绕教育实证研究的基本立场、理论预设、发展脉络、范式之争等问题进行了理论阐述与深度反思。这些理论元研究在肯定教育实证研究价值的同时，也都审慎、辩证地指出了从事教育实证研究需要多加注意的问题。例如，教育研究不能沦为唯方法主义，更遑论唯实证取向，而是要体现一种开放和多元、人文诠释与科学解释的统一。① 在教育领域，教育思辨研究是指超出教育现实经验的束缚，以得出一定教育观点为目的的研究；教育实证研究是指基于教育现实经验，以验证一定教育假设为目的的研究。两种研究范式在促进教育知识进步中前后相承，各司其职，不能相互取代。② 从事教育研究实践与教学的学者不应只埋首聚焦于实证研究取向，更应具备多元范式的视野与胸襟；更重要的是，在教导年轻学者从事教育研究工作时，培养他们对各种研究范式的敏感性及欣赏态度，而不是盲从于单一的研究取向。③ 在教育实证研究中，只有充分加强理论关怀，才能从根本上避免教育实证研究沦为无意义的数字游戏，从而真正重塑教育实证研究的内涵与价值。④ 综而观之，这些理论元研究主要针对当前教育实证研究的飞速扩张现实，做出了富有启发意义的学术反思与理论回应。

其次，从第二类情况来看，在教育实证研究的具体技术问题阐发方面，已有文献主要是从具体的微观层面对实证技术方法的适切运用予以详细的解析。有学者以中国内地教师情绪劳动的量化与质性探究

---

① 阎光才：《如何理解中国当下教育实证研究取向》，《大学教育科学》2020 年第 5 期。

② 王卫华：《教育思辨研究与教育实证研究：从分野到共生》，《教育研究》2019 年第 9 期。

③ 曾荣光、罗云、叶菊艳：《寻找实证研究的意义：比较 – 历史视域中的实证主义之争》，《北京大学教育评论》2018 年第 3 期。

④ 安静、赵志纯：《教育实证研究中的数字游戏现象省思——兼论理论关怀及其基点性与归宿性》，《当代教育科学》2020 年第 10 期。

为例，总结提出了教育实证研究的一般路径，即由回顾、反复搜寻和再概念化组成的3R之旅。[①] 也有学者对教育实证研究中的假设检验p值使用问题进行了反思与纠偏。[②] 还有学者从方法论的视角对教育实证研究中如何规范地进行文献综述进行了阐述。[③] 总的来看，此类取向的文献对中国教育实证研究的技术改进具有积极意义。

最后，从第三类情况来看，在教育实证研究的计量元研究方面，主要以教育实证研究文献为分析对象，运用实证的方法对中国教育实证研究的开展状况进行了多角度的分析。早在21世纪初，此类取向的研究已有零星发表，[④] 近年来则更加飞速涌现。例如，对过去五年间中国的教育实证研究占比、机构分布与特征、核心作者特征、研究主题特征等方面进行了探讨；[⑤] 专门对过去五年间中国的教育实证研究中的定量研究进行了元研究；[⑥] 对教育实证研究是否能够改善学术论文的质量和影响力进行了分析；[⑦] 对教育学某一子领域的实证研究状况展开分析；[⑧] 等等。此类取向的文献对中国教育实证研究在一定时期内的发展状况进行了回顾与总结，为后续的实证元研究提供了富有启发性的研究基础。

---

① 尹弘飚：《教育实证研究的一般路径：以教师情绪劳动研究为例》，《华东师范大学学报》（教育科学版）2017年第3期。

② 王光明、李健、张京顺：《教育实证研究中的p值使用：问题、思考与建议》，《教育科学研究》2018年第2期。

③ 吴重涵：《教育实证研究中综述什么：研究方法论的视角》，《现代远程教育研究》2017年第1期。

④ 徐辉、季诚钧：《高等教育研究方法现状及分析》，《中国高教研究》2004年第1期。

⑤ 朱军文、马银琦：《教育实证研究这五年：特征、趋势及展望》，《华东师范大学学报》（教育科学版）2020年第9期。

⑥ 吕晶：《中国教育实证研究中的定量方法：五年应用述评》，《华东师范大学学报》（教育科学版）2020年第9期。

⑦ 李一杉、刘金松：《教育实证研究改善了学术论文的质量和影响力吗——以中国大陆教育学术研究领域为例》，《教育发展研究》2021年第9期。

⑧ 张斌、程晨、张帅、虞永平：《事业发展视角下学前教育实证研究的知识生产与价值引领——基于2015—2019年样本文献的梳理与分析》，《华东师范大学学报》（教育科学版）2020年第9期。

通过文献回顾可以发现，围绕上述三大类问题，以教育实证研究为对象开展的元研究已经取得了较为丰硕的成果，为后续研究打造出了较为坚实的“巨人肩膀”。尽管如此，已有研究也存在着如下一些有待拓展的问题空间。第一，理论成果相对丰富，实证成果相对薄弱。已有文献中，理论研究相对较多，主要集中在理论元研究和教育实证研究的具体技术问题阐发，而第三类取向的计量元研究成果相对较少。第二，计量元研究中的研究对象的历时跨度较短。在计量元研究的分析中，研究对象的选取在时间跨度上往往是五年左右，缺乏更长纵向时间轴上的历时性变化分析。第三，缺乏学科间的横向比对。社会科学中不同学科间的实证状况如何，教育学科的实证发展在其中处于什么样的位置与水平，这些问题已有文献鲜有回答。

基于此，本章研究拟对上述待解决的问题空间予以回应。第一，针对理论成果丰富，实证成果薄弱的现状，本研究的切入点聚焦于第三类取向的计量元研究。第二，加强历时跨度分析。本研究将基于1978 年至 2020 年间的庞大文献数据库进行分析，精准全面地刻画出中国教育实证研究的纵向历时性发展变化。第三，本研究将基于学科间对比的视角，将教育实证研究置于中国社会科学多学科的整体视野中进行比较分析，最终达到加强反思与改进的目的。

第三节 研究方法与设计

一 大数据取样

本研究主要以大数据为基础进行科学计量分析。大数据是一切可以通过现代信息技术记录和量化的数据，不仅所蕴含的信息量巨大，而且不受各种框框的限制。与传统抽样方法获得的局部数据相比，由于大数据的大体量与多样性，样本不足以呈现的某些规律，大数据可以体现；样本不足以捕捉的某些弱小信息，大数据可以覆盖；样本中被认为异常的值，大数据得以认可。这将极大地提高我们认识现象的能力。[①] 本章研究分析的论文数据时间跨度长——四十余年（1978—2020 年），用于研究的有效论文总量大——超过 40 万篇，具备大数据的特征。

二　社会科学的操作性界定

变量通常是由抽象定义界定的，但作为对变量的测量是出现在经验层次，要进行测量，就需要将抽象定义转换为操作性定义。[②] 简言之，操作性定义明确地规定了如何测量一个概念，也即如何操作。[③] 根据本研究的需要，将社会科学操作性界定为如下 11 个学科，即教育学、管理学、社会学、心理学、经济学、政治学、外语学、新闻学、体育学、图书与情报学、人文地理学；不包括如下 10 个人文学科，即中国文学、外国文学、历史学、考古学、哲学、法学、民族学、宗教学、艺术学、马克思主义·科学社会主义。在本章研究中，除非特别说明，社会科学是指由上述的教育学、管理学等 11 个学科构成的学科群组。

三　变量信度

社会科学研究中，变量往往由若干个指标构成，因此，需要采用复合测量（Composite Measure of Variable），即基于一项以上指标资料的测量。[④] 在本研究中，对于学术质量、学术合作协同性、学术影响力这三个变量，均选取了若干指标进行评定，因此，它们都具有复合测量的特征。复合测量的科学性主要通过信度来体现。

---

① 李金昌：《大数据与统计新思维》，《统计研究》2014 年第 1 期。

② 袁方主编：《社会研究方法教程》，北京大学出版社 1997 年版，第 176 页。

③ ［美］艾尔·巴比：《社会研究方法》，邱泽奇译，华夏出版社 2009 年版，第 128 页。

④ ［美］艾尔·巴比：《社会研究方法》，邱泽奇译，华夏出版社 2009 年版，第 153 页。

信度（Reliability）是指测量工具所得结果的一致性或稳定性。在信度评估中，最为常见的是科隆巴赫系数（Cronbach's Alpha）。[①] 科隆巴赫系数也称内部一致性系数、α系数，用以衡量复合测量各指标整体上是否拟合良好。另外，在本章研究的α系数计算中，由于各个指标的单位与取值范围不尽相同，不宜直接使用原始数据进行计算，而是通过换算为标准分即Z分数之后计算而得。表6-1显示，各变量在复合测量中的信度评定均良好，[②] 说明指标选取合理，通过这些指标对各变量进行复合测量评估具有科学性与可行性。

表6-1　各变量复合测量的信度情况一览

	指标数量	α系数
学术质量	3	0.74
学术合作协同性	3	0.65
学术影响力	2	0.82

四　数据的获取与分析

在数据的获取方面，本章研究收集了1978—2020年包括教育学在内的社会科学有效论文共计401578篇[③]，信息获取网站为中国知网（CNKI）。其中，教育学论文以当前中国社会科学引文索引CSSCI（不含扩展版）中的教育学类全部37种刊物为来源范围，共收集到有效论文177946篇；社会科学论文（不含教育学，共10个学科）

① 吴明隆：《问卷统计分析实务——SPSS操作与应用》，重庆大学出版社2010年版，第238页。

② 吴明隆：《问卷统计分析实务——SPSS操作与应用》，重庆大学出版社2010年版，第244页。

③ 有效论文是指剔除了非学术性文章后的学术论文，非学术性文章的剔除方面，主要剔除了诸如"来稿须知""学位论文提要""会议综述""年度总目录""广告""简讯"等非学术性文章，另外，把所有增刊中的论文也予以剔除。

以当前中国社会科学引文索引 CSSCI（不含扩展版）中每个学科影响因子排在前五位的刊物为来源范围，共收集到有效论文 223632 篇。

在数据库的管理与分析软件使用方面，对所有 401578 篇有效论文的计量指标与信息，统一采用 SPSS（V22.0 版）与 Excel（2013 版）对数据信息进行管理与多元统计分析。

第四节　研究结果与分析

一　中国教育实证研究的整体发展趋势及实证化程度对比

中国教育实证研究的发展历程与趋势如图 6－1 所示：纵向来看，教育实证研究的整体占比已经从 1978 年最初的零起点发展为当前的 40% 左右，并且还有继续上升的势头；横向比较，当前中国社会科学的实证研究占比接近 70%，教育实证研究与之相差 30 个百分点；再从实证研究中的量化研究与质化研究的比较来看，教育学与社会科学都呈现出“量”高“质”低、“量”强“质”弱的特征，即量化研究在比重上远远大于质化研究，当前质化研究的占比仅为 10% 左右，并且质化研究的发展较为缓慢，曲线的上升趋势乏力疲软。①

实证化程度是指某个学科的实证研究占所有有效论文的比重，因此，其取值范围在 0 到 1 之间，越接近 1 说明实证化程度越高。对近五年 11 个学科的实证化程度进行比较排序，结果如图 6－2 所示：高于均值的学科有心理学、经济学、管理学、社会学、人文地理学，实证化程度较高；教育研究的实证化程度低于均值，并且排位相对靠后。

---

① 图中量化研究的占比加上质化研究的占比未必等于实证研究的占比，这是因为有的实证研究既使用了量化方法，又使用了质化方法，属于混合型设计，但是在统计口径上，笔者是按照量化研究与质化研究各自分开统计的，因此会出现这种情况，并非数据计算错误。

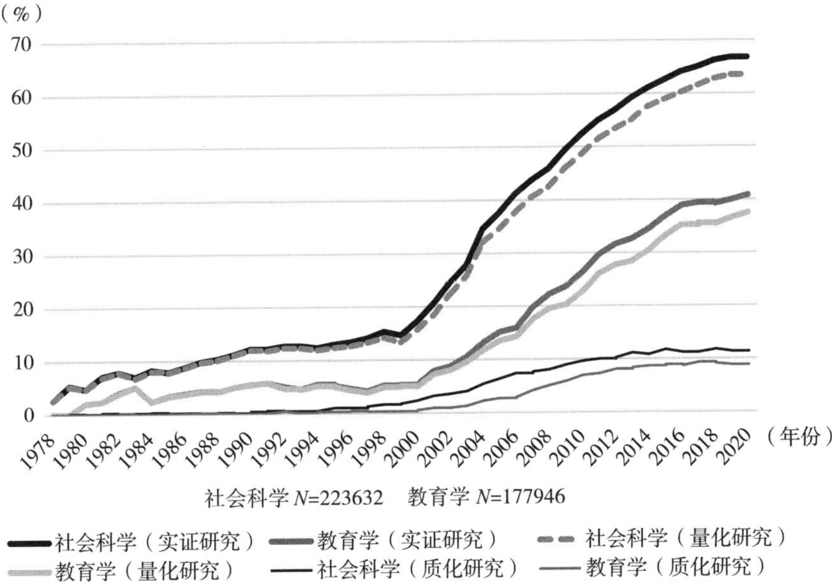

图6－1　中国教育学与社会科学的实证研究状况发展对比（1978—2020）

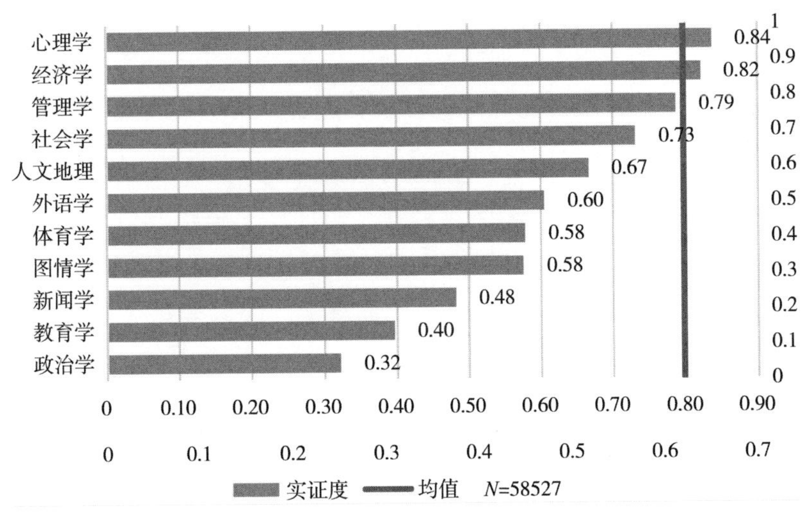

图6－2　中国社会科学各学科实证化程度对比排序（近五年）

二　中国教育实证研究的论文质量及其对比

论文质量是教育学术研究的安身立命要素之一。对于学术论文质量的评判若仅仅依靠某单一指标，均存在较大效度风险。① 因此，本研究主要选取论文的论文篇幅、学术相继性、国际化程度这三个指标来综合评估学术论文质量。以下围绕这三个指标进行理论说明与数据分析。

第一，论文篇幅。在印刷排版格式基本相仿的基础上，论文的篇幅在相当程度上能够体现学术研究的质量，也即篇幅（页数）与论文质量具有高度的正相关关系。② 第二，论文的学术相继性是对已有研究成果的关注、借鉴与吸收，并在此基础上进一步深入开展学术研究。学术相继性直观体现在参考文献量上，参考文献量显示科学的继承性，是对他人成果的尊重，也是表示吸取外部信息的能力，还是论文水平和质量的体现。③ 第三，论文国际化程度采用外文文献引文量这一指标来体现。通过对引文的语种分析，可了解作者对本学科国际研究动态的把握程度，进而判断论文的国际水平。④

对中国教育实证研究与社会科学实证研究的论文质量进行对比，结果如图 6－3、图 6－4、图 6－5 所示。图 6－3 显示，中国社会科学实证论文篇幅为篇均 8.69 页，教育实证论文篇幅为篇均 6.2 页，低于均值且在 11 个学科中的排位相对靠后，仅在图情学和体育学之前。图 6－4 显示，中国社会科学实证论文篇均参考文献量为 22.87

---

① 赵志纯、何齐宗、安静、陈富：《中国高等教育学术研究的演变与发展趋势（1980—2019）：基于对六个 CSSCI 高等教育源刊的大数据分析》，《高等教育研究》2020 年第 4 期。

② 赵志纯、何齐宗、安静、陈富：《中国高等教育学术研究的演变与发展趋势（1980—2019）：基于对六个 CSSCI 高等教育源刊的大数据分析》，《高等教育研究》2020 年第 4 期。

③ 张玉华、潘云涛：《科技论文影响力相关因素研究》，《编辑学报》2007 年第 2 期。

④ 陈石平、陈红英：《高校学报英文引文准确性抽样调查与分析》，《中国科技期刊研究》2013 年第 2 期。

篇，而教育实证论文篇均参考文献量仅为13.73篇，排位仅在体育学之前。图6－5显示，中国社会科学实证论文外文文献量篇均6.32篇，教育实证论文外文文献量篇均仅为4.26篇，排位垫底。综上可见，中国教育实证研究在论文篇幅、学术相继性、国际化程度这三个指标方面，都还有较大提升空间。

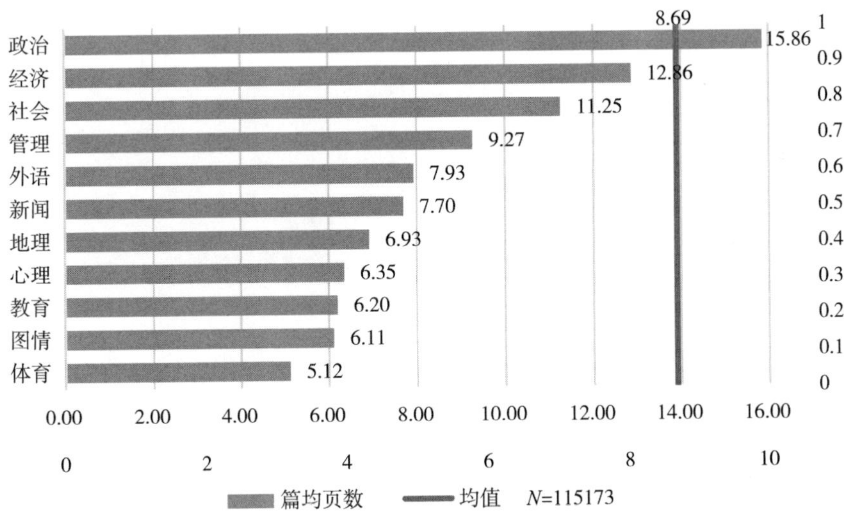

图6－3　中国社会科学实证论文的篇幅对比

三　中国教育实证研究的合作协同性及其对比

关于学术研究合作协同性的探讨始于1966年，普赖斯与比弗（D. Beaver）在论文《无形学院中的合作》（*Collaboration in an Invisible College*）中阐述了他们的开创性工作，[1] 此后有关研究陆续涌现。科研合作成为不同学科科研工作者知识融合、创新思想、资源共享的重要途径，通过论文合著不仅有助于提高成果产出速度和质量，还可

---

① Solla Price，Donald Beaver，"Collaboration in an Invisible College"，*The American Psychologist*，Vol. 21，No. 11，October 1966，p. 1011.

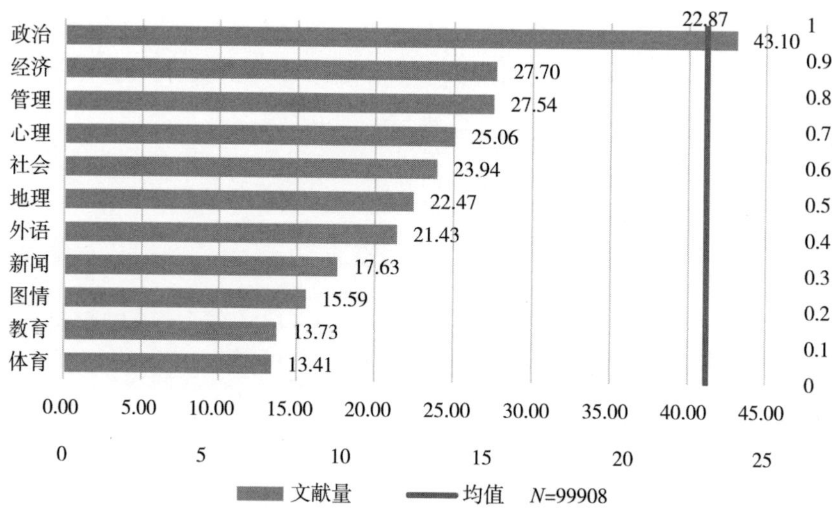

图6－4　中国社会科学实证论文的学术相继性对比

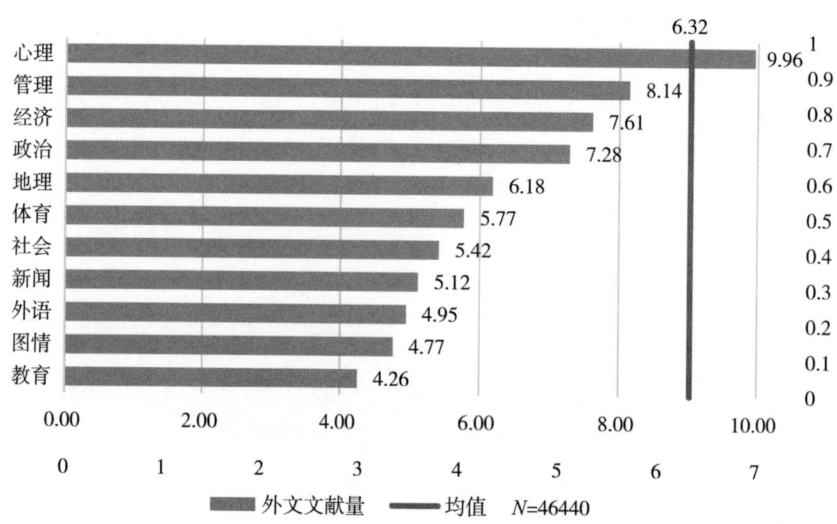

图6－5　中国社会科学实证论文的国际化程度对比

以加快知识的传播与扩散。[①] 另外，研究者与研究者的合作、研究者

① 田依林、刘平平：《合著型论文对学术期刊影响力的贡献度评价研究》，《中国科技期刊研究》2020 年第 6 期。

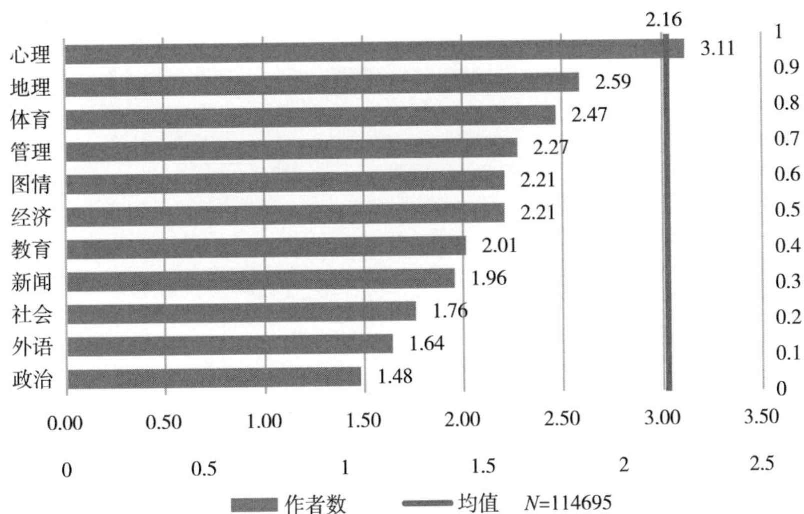

图6－6　中国社会科学实证论文的研究者合作状况对比

与生产商（资助方）之间的合作，比起单枪匹马的研究，更能提高研究效率。① 本章研究通过考察研究者合作（篇均作者数）、研究机构合作（篇均机构数）、研究者与资助者合作（篇均基金数）这三个指标来考察中国教育实证研究的合作协同性。

对中国教育实证研究与社会科学实证研究的合作协同性进行对比，结果详见图6－6、图6－7、图6－8。图6－6表明，中国教育实证研究的篇均作者数为2.01，接近中国社会科学实证研究的平均水平（2.16），学者合作协同性尚可。图6－7表明，中国教育实证研究的篇均合作机构数为1.48，居于中等位置。图6－8显示，中国教育实证研究的篇均基金数为0.84，居于中等略偏下的位置，研究者与资助者合作协同性尚可。总体来看，中国教育实证的合作协同性尚可，但相比较而言，其三项指标均居于中等或中等偏下的位置，仍有不少提升空间。

① 邵瑞华、张和伟：《基于合著论文和引文视角的学术交流模式研究——以图书情报学为例》，《情报杂志》2015年第12期。

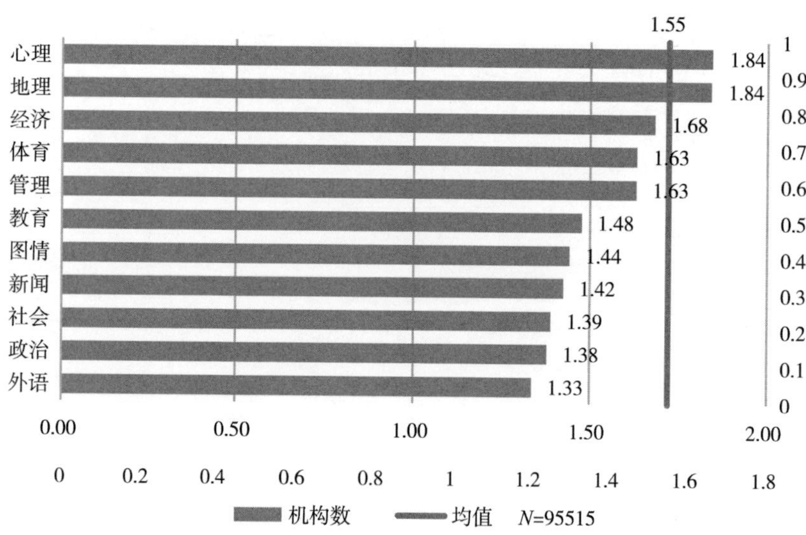

图 6－7　中国社会科学实证论文的机构合作状况对比

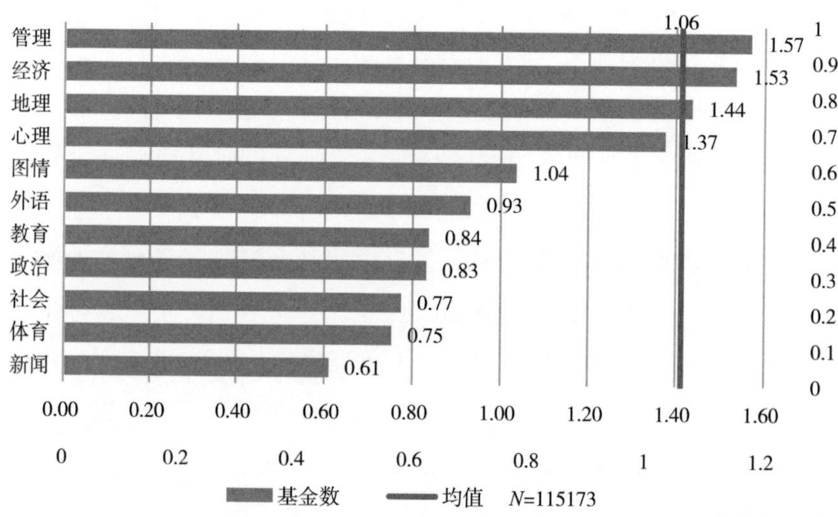

图 6－8　中国社会科学实证论文的基金资助状况对比

四　中国教育实证研究的学术影响力及其对比

学术影响力的测量和评估在过去的二十年里经历了巨大的改变，这主要归因于学术交流方式的发展以及研究学术交流所使用工具和技术的改进。[①] 本章研究选取下载量和被引量两个指标来体现论文的学术影响力。下载量是出版数字化的直接产物。作为科学计量学的新秀——使用指标（Usage Metrics）之一，下载量记录了论文在期刊网站或出版商中被保存、下载的次数。[②] 使用指标反映了读者对文献的关注度，而其中的部分读者可转化为施引者，因此，使用指标相较于引用指标具有更加广泛的影响力。[③] 另外，被引量作为论文学术影响力的主要评价指标，在人才评审、科研立项、科研奖励等过程中发挥着重要作用。[④]

对中国教育实证研究与社会科学实证研究的学术影响力进行对比，结果如图 6－9、图 6－10 所示。下载量方面，在社会科学的 11 个学科中，篇均下载量在 1000 次以上的共有 7 个学科，在 1000 次以下的仅有 4 个学科，中国教育实证研究的篇均下载量为 939. 35 次，位置相对偏后。被引量方面，中国教育实证研究的篇均被引量为 19. 56 次，尚不足中国社会科学实证论文篇均被引均值（41. 6 次）的一半，排位相对靠后。综上，从中国社会科学实证研究的整体情况

---

① ［美］Ying Ding，Ronald Rousseau，Dietmar Wolfram：《学术影响力的测评：方法与实践》，窦永香、于琦译，武汉大学出版社 2017 年版，第 1 页。

② Naudé F.， “Mendeley Readership and Google Scholar Citations as Indicators of Article Performance”，*The Electronic Journal of Information Systems in Developing Countries*，Vol. 78，No. 1，March 2017，p. 1.

③ Duy J.，Vaughan L， “Can Electronic Journal Usage Data Replace Citation Data as a Measure of Journal Use? An Empirical Examination”，*The Journal of Academic Librarianship*，Vol. 32，No. 5，September 2006，p. 512.

④ 熊泽泉、段宇锋：《论文早期下载量可否预测后期被引量？——以图书情报领域期刊为例》，《图书情报知识》2018 年第 4 期。

及各学科比较来看，中国教育实证研究的学术影响力相对偏弱，位置相对靠后。

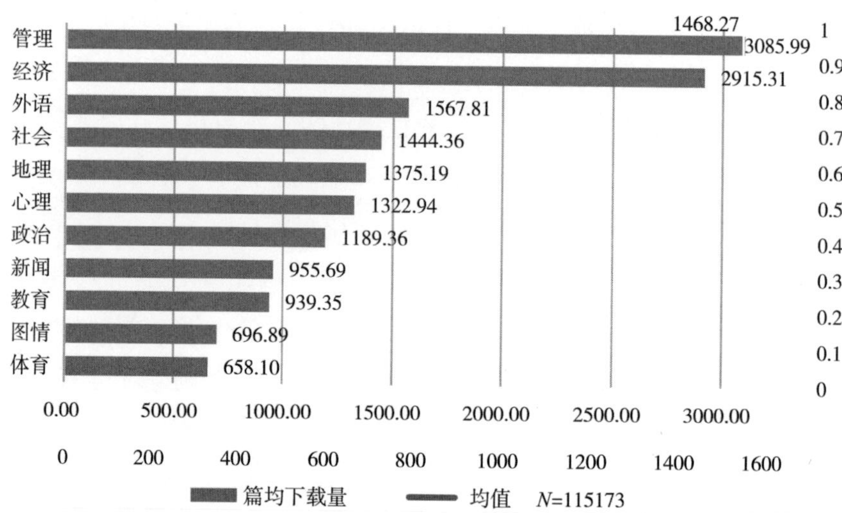

图6－9　中国社会科学实证论文的下载量对比

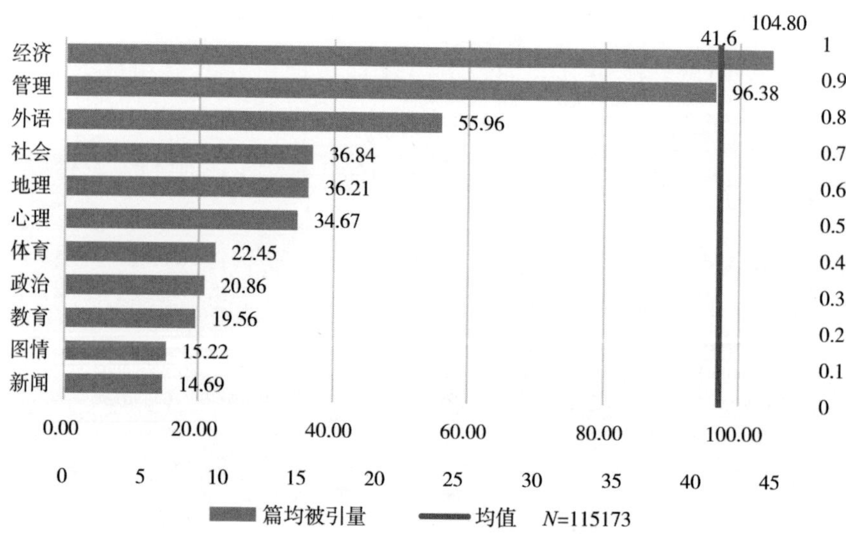

图6－10　中国社会科学实证论文的被引量对比

第五节　结论

一　中国教育实证研究的知识生产已经具备相当规模，但与社会科学的整体平均水平相比，仍有一定差距；同时，教育实证研究中的“量”“质”不均衡问题需要加以正视

本章研究发现，从纵向来看，教育实证研究的比重已经从1978年最初的“零起点”发展为当前的40%左右，并且依然呈现继续上升的势头。这说明中国教育学术研究在一个连续不断的动态中正在实现（也或已经初步实现了）深刻的实证范式转型，崇尚实证研究的风气已经逐步形成。但从横向比较来看，当前中国教育学术研究的实证化程度与中国社会科学整体的实证化程度（近70%）仍有明显差距，此外，与北美、欧洲、澳洲等国家教育研究的实证化程度（86.3%）[①] 也有显著差距。

当然，这并不是说实证化程度越高越好、研究范式越单一越好。事实上，在研究活动中，尤其需要注意防止实证范式所可能具有的“自我膨胀”与“自我中心”倾向、“方法霸权”与“方法殖民”倾向。[②] 在这种辩证认知的基础上，应当看到一个事实：教育研究的实证化程度显著低于社会科学的整体均值，并且排位相对靠后。这说明，在教育研究领域，推动方法论层面上的实证范式转型仍然具有紧迫性，中国教育研究仍需继续加强实证研究，进一步持续推进实证范式转型。正如袁振国教授曾指出的，教育学虽然每年有上万篇论文，无数个论坛，但大多是主观的意见、个体的经验，未能形成客观的知

① 朱军文、马银琦：《教育实证研究这五年：特征、趋势及展望》，《华东师范大学学报》（教育科学版）2020年第9期。

② 赵志纯、安静：《中国实证范式的缘起、本土特征及其之于教育研究的意义——兼论中西实证范式脉络的异同》，《全球教育展望》2018年第8期。

识。教育学要加快知识增长，必须聚焦科学问题，加强实证研究。[①]

再从中国教育研究中的量化研究与质化研究对比来看，教育学与社会科学都呈现出“量”高“质”低、“量”强“质”弱的特征，质化研究发展缓慢，与量化研究有明显差距，两者的发展比例明显失衡不协调。究其原因，固然因素很多，但其中重要一条是不得不反思当前的学术评价机制是否从根本上鼓励质化研究的发展。质化研究是通过研究者和被研究者之间的互动对事物进行深入、细致、长期的体验，然后对事物的“质”得到一个比较全面的解释性理解。[②] 质化研究的这种特点，决定了其研究周期长、成果产出慢、耗费精力多。而当前的学术评价机制易于导向“短平快”的产出运作，这显然很不利于质化研究的发展。因此，应当着眼于量化研究与质化研究均衡协调发展的学术评价设计，各种范式间应当相互尊重，加强理解与沟通，[③] 只有从根本上鼓励方法论上的多元共生，最终才能更加繁荣中国的教育学术研究。

二　通过对社会科学中不同学科实证研究质量的比较发现，教育学科的情况不容乐观，教育实证研究的质量问题主要表现为论文篇幅短、学术相继性弱、国际化程度低

通过论文篇幅、学术相继性、国际化程度这三个指标对社会科学中不同学科的实证研究质量状况进行了对比，发现教育学科的情况不容乐观，教育实证研究的论文质量问题主要表现为论文篇幅短、学术相继性弱、国际化程度低。基于此，第一，应当进一步提升教育实证研究的论文篇幅。过短的篇幅实际上反映出实证论文的简单化倾向以

① 袁振国：《科学问题与教育学知识增长》，《教育研究》2019 年第 4 期。

② 陈向明：《质的研究方法与社会科学研究》，教育科学版社 2000 年版，第 10 页。

③ 赵志纯、王嘉毅：《建构实在论与中国当下教育科学研究的省思》，《华东师范大学学报》（教育科学版）2014 年第 2 期。

及可能存在某些欠规范的结构性缺陷。笔者在另一项研究中曾指出，部分教育实证研究存在着“数字游戏”的倾向，重数字、重模型，而在论文的理论框架部分与理论讨论部分则三言两语、颇为单薄，[①]因此，提升教育实证研究的论文篇幅不是要凑字数，而应当在实证研究的理论框架部分与理论讨论部分扎实下功夫，如此一来论文的篇幅客观上自然会得到提升。

第二，从学术相继来看，与中国社会科学其他学科的实证研究相比，中国教育实证研究的篇均引文量明显较少，在 11 个学科中，仅排在体育学科的前面。科学计量学家普赖斯曾指出，规范的科学论文具有日积月累、前后相继的特点；每一篇论文都是在前人论文基础上建立起来又反过来成为后人论文的出发点；这种学术上一砖一瓦地累积，其最明显的表现形式莫过于对别人论文的参考引证了。[②] 因此，中国教育实证研究今后尤其需要“一砖一瓦”、扎扎实实地着力提升引文量。当然，这并不意味着鼓动研究者通过“指标主义”的肤浅手段把参考文献的量“列”上去，而是要深刻意识到问题的本质意义所在：体现学术相继性的参考文献不是随便列出来的，而必须是研究者认真阅读、学习和领会过的。[③]

第三，从学术研究的国际化程度指标来看，中国教育实证研究的外文文献量在 11 个学科中排名垫底。已有研究表明，对外文文献的引用表明了对国外学术思想、方法和技术的借鉴，能够在一定程度上反映学科中国内外研究成果的同步程度。[④] 因此，中国教育实证研究应当进一步

---

① 安静、赵志纯：《教育实证研究中的数字游戏现象省思——兼论理论关怀及其基点性与归宿性》，《当代教育科学》2020 年第 10 期。

② ［美］D. 普赖斯：《小科学，大科学》，宋剑耕、戴振飞译，世界科学社 1982 年版，第 55 页。

③ 乔晓春：《中国社会科学离科学还有多远》，北京大学出版社 2017 年版，第 81 页。

④ 邓三鸿、王昊：《图书馆、情报与文献学 CSSCI 来源刊对外文刊的引证分析》，《西南民族大学学报》（人文社会科学版）2013 年第 11 期。

加强与拓宽国际视野，不断提高对外文文献的参考与借鉴吸收能力。

三　随着学术研究复杂程度的加深，同时受跨学科知识交叉的需要驱动，中国教育实证研究的学术合作协同性也日益凸显，但与中国社会科学的整体平均水平相比，仍有较大提升空间

合作科研是现代科学知识生产重要趋势，[①] 高质量的学术研究需要以较高的合作协同性为支撑。本研究通过考察研究者合作（篇均作者数）、研究机构合作（篇均机构数）、研究者与资助者合作（篇均基金数）这三个指标来考察中国教育实证研究的合作协同性。研究发现，中国教育实证研究的合作协同性尚可，但这三项指标均居于中等或中等偏下的位置，仍然具有可提升的空间。

近年来，无论是自然科学还是社会科学，随着各领域学术研究复杂程度的不断加深，尤其受跨学科知识交叉需要驱动，学者之间、学术机构之间以及资助者与研究者之间的合作需求不断扩大，合作协同行动也日益频繁与深入。在这种大背景之下，中国教育实证研究也已经由过去的“单打独斗”“孤军奋战”模式，逐渐转型为当前的合作协同模式。但从与其他学科实证研究的对比情况来看，中国教育实证研究仍需在研究者合作、机构合作、基金支持方面继续加快发展速度，进而持续促进中国教育实证科研水平高质量发展。

四　从中国社会科学学术影响力的整体水平比较来看，中国教育实证研究的学术影响力相对有限，无论是在公众关注还是在同行认可方面都需要进一步改进提升

本研究选取了使用指标——下载量，以及引用指标——被引量，

---

① 任静静、赵兰香：《合作性学术研究及其绩效实证分析》，《科学学研究》2019 年第 5 期。

将这两个指标综合用于评判中国教育实证研究的学术影响力。对这两个指标的综合分析表明，中国教育实证研究的学术影响力相对偏弱，在 11 个学科中处于相对靠后的位置。有学者指出，下载量和被引量这两个指标实际上反映了学术知识消费者视角中的公允价值（Fair Value）和学术知识消费市场中的价值发现功能。[①]

换言之，其一，相对偏低的下载量实际上反映出公众对教育实证研究的关注认可不高，这是值得教育实证研究者进行反思的问题：一方面，常识告诉我们，教育是公共大众领域一个日常到不能再日常的话题了，公共关注热度很高；另一方面，与公众的高关注形成鲜明对比的是，教育实证研究却无法提供充分的有效供给来满足公众的高关注需求。

其二，如果说下载量体现的是公众的关注度，那么被引量则体现的是学界对其学术价值的判断。相对偏低的被引量实际上反映出学界对其学术价值认可不高，“不感冒”“不欣赏”。[②] 这也是值得教育实证研究者进行反思的问题。另外，还需要明确一点：学术影响力实质上属于“副产品”，它是整个学术共同体综合实力与学术素养“自然而然”的外显。从这个角度来讲，学术影响力健康发展的根本在于：培植成熟的学术共同体和养成良好的研究伦理与文化、理顺高等学校内外体制与机制、营造有利于学术发展的环境与氛围。[③]

自改革开放以来，实证研究在中国教育学界实现了从无到有，再从有到飞速发展的突破与成长。特别是近年来，教育实证研究如火如荼、雨后春笋，已经发展为中国教育学界最为重要的研究范式之一。尽管如此，对中国的教育实证研究也不能过于乐观，而是应当保持理

---

① 李一杉、刘金松：《教育实证研究改善了学术论文的质量和影响力吗——以中国大陆教育学术研究领域为例》，《教育发展研究》2021 年第 9 期。

② 王竹立：《我为什么不太欣赏教育领域的某些实证研究?》，2012 年 9 月 12 日，http：//blog. sina. com. cn/s/blog_ 4bff4c09010147pw. html，2021 年 10 月 18 日。

③ 阎光才：《学术影响力评价的是非争议》，《教育研究》2019 年第 6 期。

性的谨慎与诚实，正如有学者所指出的，我们并不能就此简单地认为含有实证特征的实证研究显著增强了中国教育学术研究的影响力和质量。[①] 实际上，从本章研究对社会科学多学科的实证研究比较来看，教育实证研究在“量”“质”均衡发展、实证化程度、论文质量、合作协同性、学术影响力等方面仍然存在很大的改进提升空间，正所谓“路漫漫，其修远兮”。

当前，中国正处于新时代“十四五”的关键时期，教育研究面临的机遇和挑战前所未有，教育科学的理论供给严重不足。[②] 展望中国下一阶段的教育实证研究发展，应当跳出仅仅为了模型而模型、为了统计而统计的窠臼，也不能满足于对几条研究假设的碎片式检验，而是应着眼于长远的宏大格局，着眼于中国教育理论的建构以及中国教育学术思想的生成，真正做到把构建中国特色教育学术话语体系与具体的教育实证研究有机融合起来，相得益彰。

① 李一杉、刘金松：《教育实证研究改善了学术论文的质量和影响力吗——以中国大陆教育学术研究领域为例》，《教育发展研究》2021 年第 9 期。

② 全国哲学社会科学工作办公室：《中国特色哲学社会科学发展报告：“十三五”回顾与“十四五”展望》（全三卷），中国社会科学出版社 2021 年版，第 1835 页。

第七章　中国教育研究的学术承继性分析

第一节　问题的提出

2019年，教育部《关于加强新时代教育科学研究工作的意见》发布，文中强调指出，教育研究需要不断提升教育科研质量和服务水平，为加快推进教育现代化、建设教育强国、办好人民满意的教育提供有力的智力支持和知识贡献。[①] 教育学术论文作为教育科研成果的一种重要承载形式，其质量强化与持续改进议题也因此被摆在了尤为重要的位置。

在教育学术论文的质量内涵方面，学术承继性是一项重要考量，而参考文献则是其重要的体现指标。参考文献反映的是学术承继性的问题，是研究者对已有研究成果的关注、借鉴与吸收，并在此基础上进一步深入开展学术研究。[②] 从所引文献的全面性，不仅可以看出作者对该学科领域知识及发展动态了解的深度和广度，还从侧面反映了

---

① 教育部：《教育部关于加强新时代教育科学研究工作的意见（教政法〔2019〕16号）》，2019年10月30日，http：//blog. sina. com. cn/s/blog_4bff4c09010147pw. html，2021年12月12日。

② 赵志纯、何齐宗、安静、陈富：《中国高等教育学术研究的演变与发展趋势（1980—2019）——基于对六个CSSCI高等教育源刊的大数据分析》，《高等教育研究》2020年第4期。

研究工作的起点和论文的学术水平。[①] 正因如此，近年来从参考文献的角度对学术承继性进行定量化分析已成为国内外学界研究的热点之一。回顾梳理已有研究可以发现，主要围绕着以下三个维度展开：学术承继性的现状厘清维度、学术承继性的比对分析维度以及学术承继性的关系探讨维度。

首先，搞清楚现状如何，是所有问题探究的基点。从学术承继性的现状研究来看，取得了一定成果，其中比较有代表性的是张斌贤等人以《教育研究》期刊 1979—2008 年三十年间刊载的论文为分析对象，展开学术承继性的现状分析，结果表明平均每篇论文的参考文献量为 7.66 篇。[②] 封毅选取同一时期中国 8 所师范大学学报自然科学版刊登的 152 篇科技论文文后参考文献为研究样本，对现阶段中国师范类高校学报科技论文的学术承继性进行了刻画，研究显示样本期刊平均引文量为 24.03 篇。[③]

其次，从学术承继性的对比分析研究情况来看，也积累了不少成果。朱大明对研究型论文与综述型论文的学术承继性进行了对比分析，统计表明，综述型论文篇均引文量远大于研究型论文。[④] 盛丽娜和顾欢以 SSCI 的学科分类为单位，分析了不同学科期刊的 Article 和 Review 学术承继性的差异，结果显示，同一学科影响力较大期刊的 Article 和 Review 的学术承继性也相对较强。[⑤]

最后，从学术承继性的关系探讨维度来看，着重分析参考文献量

① 王平：《参考文献引用原则的探讨》，《编辑学报》2004 年第 1 期。

② 张斌贤、陈瑶、祝贺、罗小莲：《近三十年中国教育知识来源的变迁——基于〈教育研究〉杂志论文引文的研究》，《教育研究》2009 年第 4 期。

③ 封毅：《部分师范类高校学报自然科学版论文参考文献引用情况调查》，《学报编辑论丛》2021 年第 1 期。

④ 朱大明：《研究型论文与综述型论文引文量的对比分析》，《编辑学报》2010 年第 1 期。

⑤ 盛丽娜、顾欢：《SSCI 收录期刊不同学科 Article 和 Review 参考文献量的差异性分析》，《中国科技期刊研究》2018 年第 11 期。

与影响因子的关系，也取得了一定成果。俞立平等人基于中国知网（CNKI）引文数据库，以 7 种科学学与科技管理期刊为例进行回归分析表明，参考文献量与影响因子呈正相关关系。① 陶立方和杜利民也对文后参考文献数量与影响因子的关系进行了探究，发现二者基本呈现正相关关系，适当增加文后参考文献的数量，可以提高学科的影响因子，从而间接提高期刊的影响因子。②

通过文献回顾可以发现，已有成果为后续研究提供了良好的借鉴基础，但同时也留出了以下若干待解决的问题空间。第一，在现状厘清维度上，距离当前最近的对教育学科学术承继性进行的研究已是十多年前，而近年来教育学科的学术承继性状况究竟如何，其纵向发展趋势又是怎样的，这些问题有待进一步回答。第二，在对比分析维度上，已有研究主要对不同论文类型的学术承继性进行了比对，但缺乏对不同学科间学术承继性的整体比对分析。第三，已有研究主要是从宏观视角对学术承继性与期刊影响因子之间的关系进行探讨，缺乏从微观视角出发就某一学科中的学术承继性与论文学术影响力之间的关系做出分析。

基于上述待解决的问题空间，本章研究拟进行如下推进。第一，通过最新数据对中国教育研究的学术承继性的现状及过往发展情况进行刻画与描述。第二，从整个社会科学不同学科的学术承继性对比分析入手，探讨中国教育研究的学术承继性的相对水平，同时，还将探讨中国教育学科不同子领域间的学术承继性情况。第三，通过分析学术承继性与论文学术影响力之间的关系，进一步验证学术承继性之于学术论文的意义。第四，从方法论的视角出发，探讨如何进一步有效

---

① 俞立平、万晓云、王作功：《载文量、引文量与影响因子关系的时间演变研究——以科学学与科技管理类期刊为例》，《情报杂志》2018 年第 8 期。

② 陶立方、杜利民：《文后参考文献数量与影响因子的关系探究》，《浙江师范大学学报》（自然科学版）2020 年第 1 期。

提升中国教育研究的学术承继性。总之，通过本章研究，旨在抛砖引玉，希望能够引起中国学界对教育研究的学术承继性的进一步重视，进而继续不断提升中国的教育科研质量。

第二节　研究方法与过程

一　元研究、科学计量与大数据的整体方法论径路

本章研究在方法上采用元研究、科学计量与大数据的整体思路与设计。科学计量学具有定量化、以有形科学信息为对象、应用性强等特点。[①] 本研究将对中国教育研究中的学术承继性展开科学计量分析。

另外，本章研究主要以大数据为基础进行分析。大数据是一切可以通过现代信息技术记录和量化的数据，不仅所蕴含的信息量巨大，而且不受各种框框的限制。与传统抽样方法获得的局部数据相比，由于大数据的大体量与多样性，样本不足以呈现的某些规律，大数据可以体现；样本不足以捕捉的某些弱小信息，大数据可以覆盖；样本中被认为异常的值，大数据得以认可。这将极大地提高我们认识现象的能力。[②] 本章研究获取的论文数据时间跨度长（1978—2020 年），用于研究的有效论文数量大（357234 篇），具备大数据的特征。

二　数据的采集与管理

本章研究聚焦于改革开放以来中国教育研究的学术承继性发展状况，以参考文献量作为分析指标。同时，为了进行比对分析，还收集了整个社会科学中其他学科论文中的参考文献量。具体而言，第一，

---

① 邱均平、赵蓉英、董克编著：《科学计量学》，科学出版社 2016 年版，第 3 页。

② 李金昌：《大数据与统计新思维》，《统计研究》2014 年第 1 期。

以当前中国社会科学引文索引（CSSCI）目录[①]中的教育学所有37个刊物作为分析范围。第二，在当前CSSCI目录中的其他20个学科中，每个学科选取影响因子前5位的期刊作为分析范围。第三，从中国知网（CNKI）全面收集这些覆盖各个学科的期刊中的所有文章，收集的年份时间段为1978—2020年，在剔除非学术性文章之后，共计得到有效论文357234篇[②]。

在数据库的管理与分析软件方面，对357234篇有效论文的计量指标与信息，统一采用SPSS（V22.0版）与Excel（2016版）对数据信息进行管理、多元统计分析、图表制作等。

第三节　研究结果与分析

一　中国教育研究的学术承继性发展总体趋势

中国教育研究的学术承继性发展总体趋势如图7－1所示，主要经历了两个显著的发展阶段。第一阶段为不稳定期，从20世纪80年代初一直持续至2006年前后。此阶段的显著特征为参考文献量起伏波动不稳定，始终缺乏质的飞跃，持续围绕着篇均5篇左右的参考文献量上下波动。第二阶段为快速增长期，从2006年持续至今。此阶段教育学术论文的参考文献量呈现出稳定而快速的增长态势，年均增长率达到11.55%。当前，中国教育研究的学术承继性显著提升，学术论文的篇均参考文献量已从最初的5篇左右增长为20.98篇，足足

① 第一，本章研究中的CSSCI目录不包括扩展版；第二，由于采集数据有时间差的原因，本研究中的CSSCI版本目录以2019—2020版为准；第三，考虑到统计学的学科特性，本研究未将统计学学科包含在内；第四，后文中出现的CSSCI目录如无特别说明视同此界定。

② 文章的剔除方面，第一，主要剔除了诸如"来稿须知""学位论文提要""会议综述""年度总目录""广告""简讯"等非学术性文章；第二，把所有增刊中的论文也予以剔除；第三，把所有没有参考文献量数据的论文也予以剔除，不参与本研究的统计分析。

增长到原来的 4 倍多。

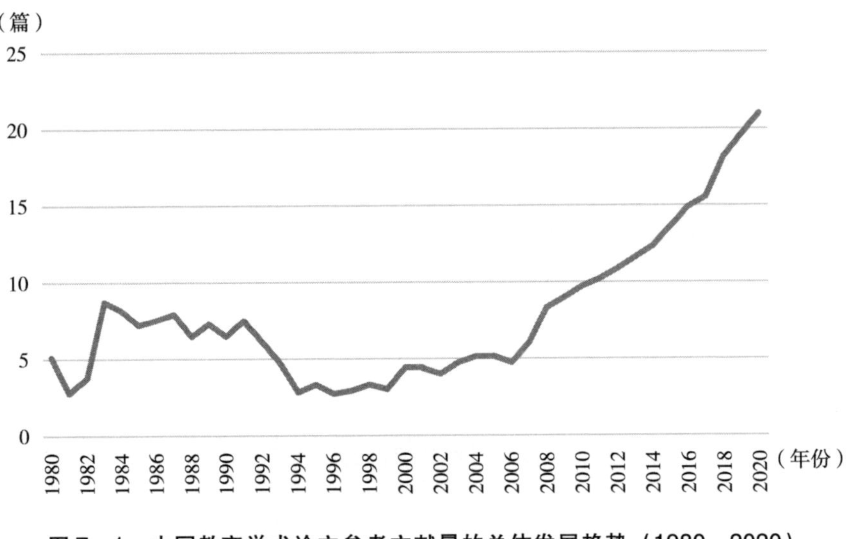

图 7 -1　中国教育学术论文参考文献量的总体发展趋势（1980—2020）

二　中国教育研究的学术承继性对比分析

（一）学科间的对比分析

教育学科的学术承继性究竟在中国人文社会科学各学科中相对处于一个什么样的坐标位置？为此，本章研究对参考文献量指标进行了对比分析，结果如图 7 -2、图 7 -3 所示。其一，无论是近十年数据对比还是总体数据对比，各学科的参考文献量相对位置都较为稳定。其二，教育学科近十年与总体的参考文献量分别为 14. 03 篇、10. 6 篇，而中国人文社会科学近十年与总体的参考文献量均值分别为 25. 40 篇、17. 93 篇。横向比较下来，教育学科的参考文献量相对偏少，说明学术承继性在各学科中的相对位置较为靠后。

（二）学科内的对比分析

根据不同的学术领域分支，本章研究把教育学术刊物相应地划分

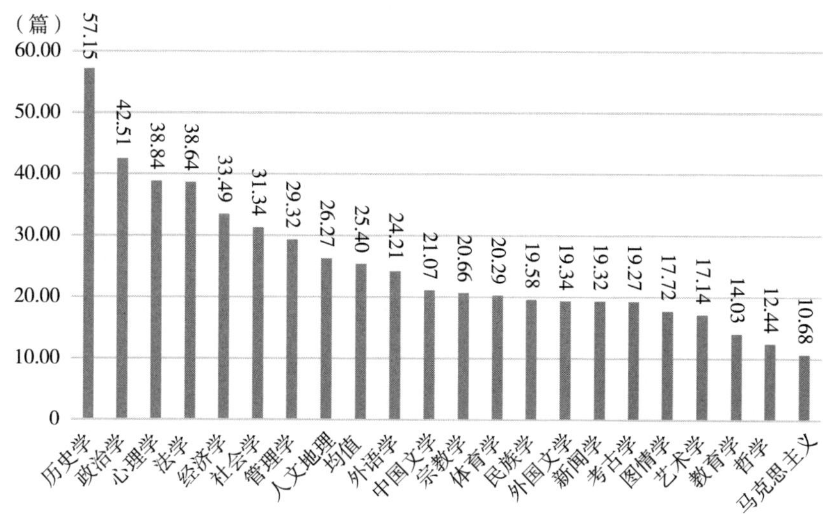

图7－2　各学科参考文献量对比（近十年）

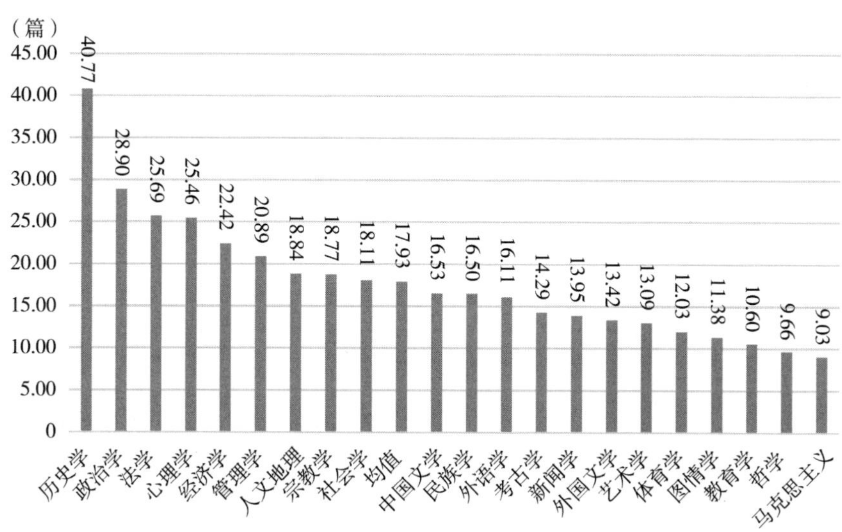

图7－3　各学科参考文献量对比（总体）

为学前教育、特殊教育、高等教育、教师教育、电化教育、比较教育、教育经济、研究生教育、综合类9个子领域。对学术承继性在不同子领域的情况进行对比分析（如图 7－4、图 7－5 所示），主要发现如下。

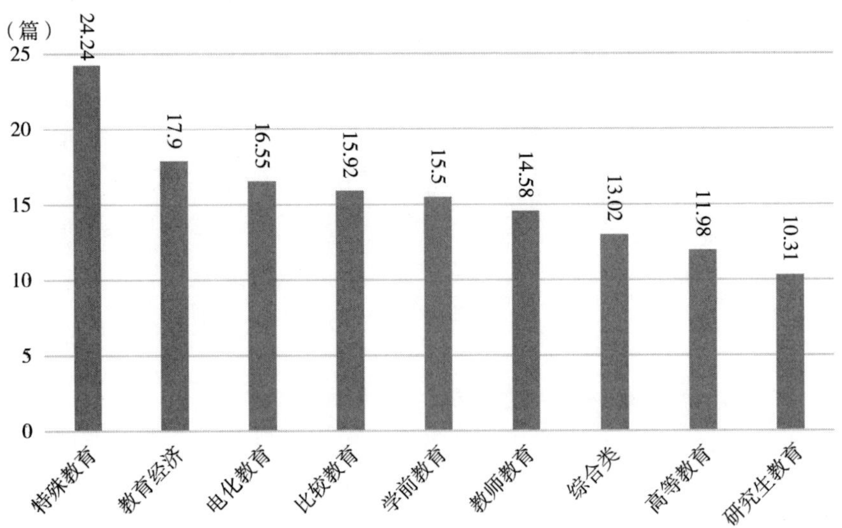

图 7－4　各子领域参考文献量对比（近十年）

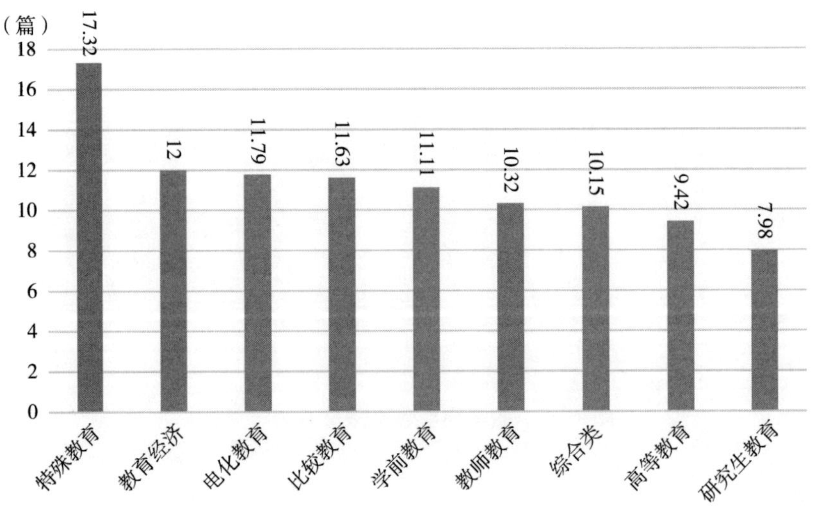

图 7－5　各子领域参考文献量对比（总体）

对比各个子领域的总体数据与近十年数据[①]可以发现，各个子领域参考文献量的位次相对较为稳定，学术承继性相对较高的子领域为特殊教育、教育经济、电化教育，学术承继性中等的子领域为比较教育、学前教育、教师教育，学术承继性相对较低的子领域为综合类、高等教育、研究生教育。

三　学术承继性为何重要：基于学术影响力的假设检验

学术承继性究竟是否重要？本章研究将从学术影响力的角度进行探讨。本章研究选取被引量和下载量两个指标来体现论文的学术影响力。被引量作为论文学术影响力的主要评价指标，在人才评审、科研立项、科研奖励等过程中发挥着重要作用。[②] 下载量是出版数字化的直接产物。作为科学计量学的新秀——使用指标之一，下载量记录了论文在期刊网站或出版商中被保存、下载的次数。[③] 使用指标反映了读者对文献的关注度，而其中的部分读者可转化为施引者，因此，使用指标相较于引用指标具有更加广泛的影响力。[④]

本研究假设提出，论文的学术承继性对其学术影响力具有显著效应。把所有有效学术论文的参考文献量从高到低降序排列，然后划分为参考文献量高、中、低三组。运用方差分析，对参考文献量高、中、低三组的被引量与下载量分别进行均值差异显著性检验（参见

① 总体数据是指 1980 至 2020 年区间内整体测算出来的数据，近十年数据是指 2010 至 2020 年区间内测算出来的数据。

② 熊泽泉、段宇锋：《论文早期下载量可否预测后期被引量？——以图书情报领域期刊为例》，《图书情报知识》2018 年第 4 期。

③ Naudé F. , "Comparing Downloads, Mendeley Readership and Google Scholar Citations as Indicators of Article Performance", *The Electronic Journal of Information Systems in Developing Countries*, Vol. 78, No. 1, March 2017, p. 1.

④ Duy J. , Vaughan L, "Can Electronic Journal Usage Data Replace Citation Data as a Measure of Journal Use? An Empirical Examination", *The Journal of Academic Librarianship*, Vol. 32, No. 5, September 2006, p. 512.

表7－1），结果表明存在非常显著的差异性（被引量 $F=131.636$，$P<0.001$；下载量 $F=6517.667$，$P<0.001$）。事后多重比较进一步证明（参见表7－2），参考文献量较高组，其被引均值为30.28次，显著高于参考文献量中等组（均值为26.24次）与较低组（均值为25.24次）；其下载量均值为1403.56次，显著高于参考文献量中等组（均值为921.71次）与较低组（均值为693.82次）。综上，研究假设获得支持，学术承继性对学术影响力具有显著效应。

表7－1　不同参考文献量论文的被引量与下载量差异显著性检验（ANOVA）

	参考文献量	样本量	均值	标准误	F 值	P 值
被引量	文献量高	125146	30.28	0.254	131.636	0.000**
	文献量中	113530	26.24	0.240		
	文献量低	118558	25.24	0.210		
	总体	357234	27.32	0.136		
下载量	文献量高	125146	1403.56	5.867	6517.667	0.000**
	文献量中	113530	921.71	3.913		
	文献量低	118558	693.82	3.195		
	总体	357234	1014.88	2.674		

表7－2　不同参考文献量论文的被引量与下载量事后多重比较

	对比组	均值差异	标准误	显著性
被引量	文献量高—文献量中	4.040	0.349	0.000**
	文献量高—文献量低	5.042	0.329	0.000**
	文献量中—文献量低	1.002	0.318	0.005**
下载量	文献量高—文献量中	481.851	7.053	0.000**
	文献量高—文献量低	709.739	6.681	0.000**
	文献量中—文献量低	227.887	5.052	0.000**

四　如何提升教育研究的学术承继性：基于研究范式的假设检验

影响一项研究的学术承继性的原因固然较多、较复杂，但出于研究聚焦性的考虑，本章研究从研究范式的角度加以探讨与解释。对于研究范式可以概略地划分为实证范式和非实证范式两大类。需要指出的是，为避免陷入统计实证主义窠臼，[①] 本章研究中的实证范式采用广义定义，强调以经验证据为根本特征，将量化研究、质化研究与混合研究都纳入实证范式之中。

实证范式论文在题目和摘要的表征上，往往具有特定的规律性。例如，基于实证论文的方法特征与摘要撰写的基本要求，可以发现实证论文的摘要包括了研究方法、数据类型、分析工具及结果。[②] 基于上述判断，本章研究以题目和摘要为信息源，以表征实证范式论文的特征词为依据，最终标定出了实证范式论文和非实证范式论文。

本章研究假设认为，实证范式论文和非实证范式论文在学术承继性上应该存在非常显著的差异性，从指标上来讲，实证范式论文的参考文献量应当显著较高。分析结果如表 7 – 3、图 7 – 6 所示：实证范式论文和非实证范式论文的参考文献量存在非常显著的差异性（$t = -93.740$，$P < 0.001$）；实证范式论文的篇均参考文献量（19.29 篇）显著高于非实证范式论文（13.30 篇）；实证范式论文占比越高，参考文献量也相应地越高，反之亦然。

表 7 – 3　　不同范式论文类型参考文献量的差异显著性检验

	样本数	平均数	标准误	t 值	P 值
非实证范式论文	241486	13.30	0.034	–93.740	0.000 **
实证范式论文	115748	19.29	0.054		

① 李一杉、刘金松：《教育实证研究改善了学术论文的质量和影响力吗——以中国大陆教育学术研究领域为例》，《教育发展研究》2021 年第 9 期。

② 朱军文、马银琦：《教育实证研究这五年：特征、趋势及展望》，《华东师范大学学报》（教育科学版）2020 年第 9 期。

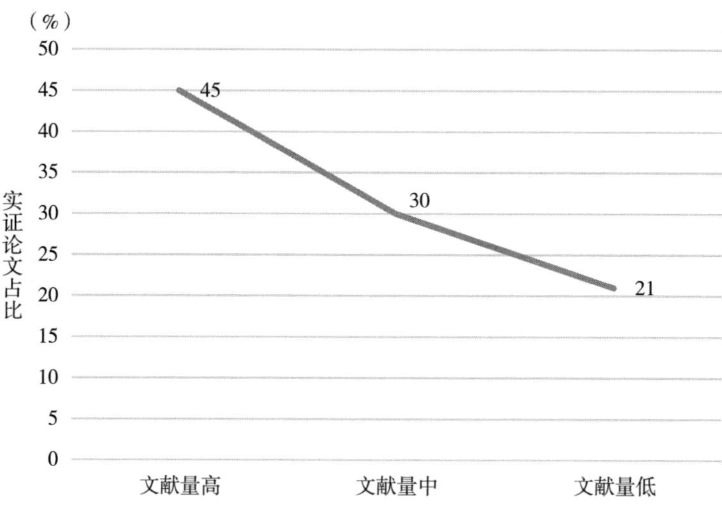

图7－6　不同参考文献量的实证论文占比

第四节　讨论与建议

一　逐步建立系统的既对标国际规范又注重本土可行性的统一学术标准，对于推动教育研究的学术承继性具有重要的导向作用

文献间的规范引证关系，源于19世纪西方科学界形成的严格的学术传统。[①] 本章研究发现，中国教育研究的学术承继性总体发展经历了两大显著阶段：不稳定期和快速增长期，时间分水岭以2006年为界。2006年之前为不稳定期，2006年之后进入快速增长期，参考文献量的年均增长率高达11.55%。为什么2006年开始会进入到快速增长期？——笔者认为，这与中国参考文献国家标准的修订有很大关联。

改革开放以来，中国国家层面的参考文献著录标准，总共经历了三个版本的改进演变，分别是《文后参考文献著录规则》（GB/T

① 马智峰：《参考文献的引用及影响引用的因素分析》，《编辑学报》2009年第1期。

7714—87)[①]、《文后参考文献著录规则》(GB/T 7714—2005)[②]、《信息与文献：参考文献著录规则》(GB/T 7714—2015)[③]。1987 年版处于发展早期，相对欠成熟，对论文学术承继性发展的推动与刺激作用尚不明显。

2005 年版相对较为成熟，它参照了 ISO 两项国际标准，既在著录项目的设置、著录格式的确定、参考文献的著录以及参考文献表的组织等方面尽可能与国际标准保持一致，又结合中国国情对国际标准中某些著录方案或规定做了一定的取舍。[④] 该版本于当年 10 月 1 日正式发布实施,[⑤] 对指导中国学术科研的规范、促进中国科学研究及文化传播做出了重要的贡献。[⑥]

可以看到，该版本的发布实施对教育研究的学术承继性的推动与刺激效应也非常显著，此后中国教育研究的学术承继性得到了飞速发展。这也从另一角度说明，建立既对标国际规范又注重本土可行性的统一标准，对于推动学术研究的知识承继性具有重要的导向作用。中国的教育研究在诸多细节方面，应当继续沿着对标国际规范，同时又注重本土接地气性的方向不断改进。

二　需要切实重视教育学术研究中的知识承继性问题，不断加强与改进教育学术知识的累积性与贯通性

中国教育研究需要进一步加强学术承继性吗？本章研究通过实证

---

① 《文后参考文献著录规则》(GB 7714—87)，中国标准出版社 1987 年版。

② 《文后参考文献著录规则》(GB/T 7714—2005)，中国标准出版社 2005 年版。

③ 《信息与文献参考文献著录规则》(GB/T 7714—2015)，中国标准出版社 2015 年版。

④ 王友富：《新旧版〈文后参考文献著录规则〉之比较》，《图书情报知识》2006 年第 1 期。

⑤ 杜云祥、王桂枝：《新版国家标准〈文后参考文献著录规则〉的分析研究》，《编辑之友》2006 年第 3 期。

⑥ 姜红贵：《参考文献著录规则发展的历史脉络及新国标研究》，《出版发行研究》2015 年第 11 期。

分析给出的答案十分肯定。中国教育学科的学术承继性，尽管纵向比较下来，有非常显著的飞跃，参考文献量从发展初期的 5 篇左右增长为当前的 20.98 篇；但是从学科间的横向比较来看，教育学科的学术承继性相对位置较为靠后，教育学科近十年与总体的参考文献量分别为 14.03 篇、10.6 篇，而中国人文社会科学的整体均值近十年为 25.40 篇，总体为 17.93 篇。另外，笔者已有的另一项研究——对国际上 SSCI 收录的某教育类学术期刊的个案分析显示，其学术承继性非常强韧，学术论文的篇均参考文献量高达 58 篇（最多为 129 篇，最少为 19 篇）。①

另外，再从学科内不同子领域的情况来看，除特殊教育领域“鹤立鸡群”外，其他分支子领域也都存在着学术承继性薄弱的事实，而且，即便是作为“领头羊”的特殊教育领域，其学术承继性也仅仅刚好达到人文社会科学的整体均值水平。由此可见，中国教育研究的学术承继性尚有较大的提升空间，教育学术论文应当有意识地显著增加对已有文献成果的参考与使用。

当然，这并不是要鼓动研究者通过“指标主义”的肤浅手段把参考文献的量“列”上去，而是要深刻意识到问题的本质意义所在：体现学术承继性的参考文献不是随便列出来的，而必须是研究者认真阅读、学习和领会过的。② 科学计量学家普赖斯曾指出，规范的科学论文具有日积月累、前后相继的特点；每一篇论文都是在前人论文基础上建立起来又反过来成为后人论文的出发点；这种学术上一砖一瓦地累积，其最明显的表现形式莫过于对别人论文的参考引证了。③ 因此，需要切实重视学术研究中的前后承继性，不断加强学术知识的累积性与贯通性。

---

① 赵志纯、何齐宗、安静、陈富：《中国高等教育学术研究的演变与发展趋势（1980—2019）——基于对六个 CSSCI 高等教育源刊的大数据分析》，《高等教育研究》2020 年第 4 期。

② 乔晓春：《中国社会科学离科学还有多远》，北京大学出版社 2017 年版，第 81 页。

③ ［美］D. 普赖斯：《小科学，大科学》，宋剑耕、戴振飞译，世界科学社 1982 年版，第 55 页。

三 学术承继性对论文的学术影响力有关键作用，加强教育研究的学术承继性，增加参考文献量，是提升论文质量内涵，进而提升学术影响力的重要抓手

本研究探讨了学术承继性与学术影响力之间的关系。实证结论表明，学术承继性对其学术影响力具有显著效应，参考文献量越高，其学术影响力也越高。这也与已有的相关研究形成了印证。学者 Corbyn 基于 5 万余篇 *Science* 论文的研究显示，论文的学术承继性越强，参考文献越多，其被引也相对越高。[①] 因此，应当明确意识到，研究的学术承继性对研究成果的学术影响力起着关键作用，提高学术论文的参考文献使用量，加强学术承继性，是提升学术论文质量内涵，进而提升学术影响力的重要抓手，具有重要意义。

当然，参考文献使用量的提升，既有研究者方面的原因，也有刊物方面的原因。研究者方面的原因，下文将进行一些探讨，此处主要尝试探讨一下刊物方面的原因。有学者指出，由于版面的有限性，有些刊物可能会因为参考文献占的版面较多，所以会大大压缩参考文献量。[②] 显然，这种做法与导向不利于学术承继性的加强，因此需要加以改进。刊物方面，应当加强学术承继性提升的导向性，建议对教育学术论文的最低参考文献量予以设限，以此来引导研究者学术承继性意识的强化与提升。

四 以方法论范式为抓手，继续推进教育研究的实证范式转型，是一条从根本上提升教育学术承继性，进而强化教育学术知识累积性的有效路径

如何提升教育研究的学术承继性？这是本章研究的重要着眼点所

---

① 盛丽娜、顾欢：《SSCI 收录期刊不同学科 Article 和 Review 参考文献量的差异性分析》，《中国科技期刊研究》2018 年第 11 期。

② 乔晓春：《中国社会科学离科学还有多远》，北京大学出版社 2017 年版，第 55 页。

在。此处需要再次强调澄清，学术承继性尽管是以外显指标——参考文献量为观测，但其实质绝不是表层的“数字”问题，而是触及到深层次的学术累积性与融通性。因此，此问题的根本解决不能靠“指标主义”的思路把这个数据“列”上去，而是要切实回到研究的内涵与源头处加以解决。

本章研究所聚焦考察的这一问题的源头即在于规范的方法论范式。近年来，随着《教育实证研究华东师范大学行动宣言》的铿锵发布①，以及“全国教育实证研究论坛”连续多届在华东师范大学的成功举办，这无疑对中国教育实证范式的发展起到了良好的“启蒙”效果②，崇尚实证研究的风气已经逐步形成③。在这一整体背景下，本研究对比分析了不同方法论范式的论文在学术承继性上的差异。结果显示，实证范式论文具有更好的学术承继性。另外，从之前的各学科学术承继性对比来看，学术承继性较高的学科诸如心理学、经济学、管理学、社会学等，其实证化程度也相对较高。究其原因，也是易于理解的。实证范式论文在知识生产上具有更强的确定性特征，在内容上相对更加注重知识间的前后桥接性，在结构上也相对规范与成熟，特别是在“问题的提出”“讨论与建议”等固定的阐述结构中，对既有研究成果的使用需求度相对较高，因而会表现出相对更高的学术承继性。基于此，以方法论范式为抓手，继续深入推进教育研究的实证方法论范式转型，是一条从根本上提升学术承继性，进而强化知识累积性的有效路径。

---

① 华东师范大学：《教育实证研究华东师范大学行动宣言》，《华东师范大学学报》（教育科学版）2017 年第 3 期。

② 赵志纯、安静：《中国实证范式的缘起、本土特征及其之于教育研究的意义——兼论中西实证范式脉络的异同》，《全球教育展望》2018 年第 8 期。

③ 袁振国：《科学问题与教育学知识增长》，《教育研究》2019 年第 4 期。

第五节　结论

第一，中国教育研究学术承继性的总体发展经历了不稳定期和快速增长期两个阶段。当前，中国教育研究的学术承继性显著提升，学术论文的篇均参考文献量已从最初的 5 篇左右增长为 20. 98 篇。

第二，与中国人文社会科学总体的学术承继性水平相比，中国教育研究的学术承继性还有很大提升空间。

第三，教育学科内部比较而言，学术承继性相对较高的子领域为特殊教育、教育经济、电化教育，学术承继性中等的子领域为比较教育、学前教育、教师教育，学术承继性相对较低的子领域为综合类、高等教育、研究生教育。

第四，研究的学术承继性对其学术影响力具有显著的正向效应。

第五，实证研究和非实证研究的学术承继性存在非常显著的差异性，实证研究显著较高。

参考文献

一 中文部分

（一）著作

《文后参考文献著录规则》（GB 7714—87），中国标准出版社 1987 年版。

《文后参考文献著录规则》（GB/T 7714—2005），中国标准出版社 2005 年版。

《信息与文献参考文献著录规则》（GB/T 7714—2015），中国标准出版社 2015 年版。

陈立新：《信息计量学——理论探索与案例研究》，科学技术文献出版社 2017 年版。

陈向明：《质的研究方法与社会科学研究》，教育科学版社 2000 年版。

丁学东编著：《文献计量学基础》，北京大学出版社 1993 年版。

李杰编著：《科学计量与知识网络分析：方法与实践》，首都经济贸易大学出版社 2018 年版。

乔晓春：《中国社会科学离科学还有多远》，北京大学出版社 2017 年版。

邱均平、赵蓉英、董克编著：《科学计量学》，科学出版社 2016

年版。

全国哲学社会科学工作办公室：《中国特色哲学社会科学发展报告："十三五"回顾与"十四五"展望》（全三卷），中国社会科学出版社 2021 年版。

吴明隆：《问卷统计分析实务——SPSS 操作与应用》，重庆大学出版社 2010 年版。

袁方主编：《社会研究方法教程》，北京大学出版社 1997 年版。

［美］D. 普赖斯：《小科学，大科学》，宋剑耕、戴振飞译，世界科学社 1982 年版。

［美］Ying Ding，Ronald Rousseau，Dietmar Wolfram：《学术影响力的测评：方法与实践》，窦永香、于琦译，武汉大学出版社 2017 年版。

［美］艾尔·巴比：《社会研究方法》，邱泽奇译，华夏出版社 2009 年版。

（二）论文

安静、赵志纯：《教育实证研究中的数字游戏现象省思——兼论理论关怀及其基点性与归宿性》，《当代教育科学》2020 年第 10 期。

安雪慧：《教育研究的文献计量法》，《上海教育科研》2000 年第 4 期。

蔡建东、汪基德、马婧：《教育理论研究的量化与技术化路径——科学计量学方法与技术在教育理论研究中的应用》，《教育研究》2013 年第 6 期。

陈富：《1994—2009 年〈学前教育研究〉载文的定量分析》，《学前教育研究》2010 年第 12 期。

陈立新，刘则渊：《引文半衰期与普赖斯指数之间的数量关系研究》，《图书情报知识》2007 年第 1 期。

陈巧云、李艺：《中国教育技术学三十年研究热点与趋势——基于共词分析和文献计量方法》，《开放教育研究》2013 年第 5 期。

陈石平、陈红英：《高校学报英文引文准确性抽样调查与分析》，《中国科技期刊研究》2013 年第 2 期。

陈新忠、张亮：《中国研究生教育质量研究的轨迹、现状及热点——基于 1986—2016 年 CNKI 期刊的文献计量与内容分析》，《现代教育管理》2018 年第 6 期。

邓猛、肖非：《特殊教育学科体系探析》，《中国特殊教育》2009 年第 6 期。

邓三鸿、王昊：《图书馆、情报与文献学 CSSCI 来源刊对外文刊的引证分析》，《西南民族大学学报》（人文社会科学版）2013 年第 11 期。

杜明峰：《改革开放四十年中国教师制度的变迁与逻辑》，《全球教育展望》2018 年第 7 期。

杜云祥、王桂枝：《新版国家标准〈文后参考文献著录规则〉的分析研究》，《编辑之友》2006 年第 3 期。

方俊明：《中国特殊教育研究的回顾与展望》，《中国特殊教育》2000 年第 1 期。

封毅：《部分师范类高校学报自然科学版论文参考文献引用情况调查》，《学报编辑论丛》2021 年第 1 期。

冯建军：《四十年德育改革的中国道路与中国经验》，《东北师范大学学报》（哲学社会科学版）2018 年第 6 期。

付健、丁敬达：《Citespace 和 VOSviewer 软件的可视化原理比较》，《农业图书情报》2019 年第 10 期。

高田钦、平和光：《〈江苏高教〉的学术影响力透视——基于人大复印资料〈高等教育〉（1995—2015）相关数据的比较研究》，《江苏高教》2015 年第 5 期。

高田钦、张凡：《〈中国高等教育〉50 年载文的文献计量和知识图谱分析（1965—2015 年）》，《中国高等教育》2015 年第 22 期。

高耀、刘志民：《从 CSSCI 看〈教育科学〉近年来的学术影响力——基于 2002—2008 年度的文献计量分析》，《教育科学》2010 年第 3 期。

顾明远：《新时代比较教育的新使命——纪念改革开放 40 周年》，《比较教育研究》2018 年第 8 期。

郝若扬、逯万辉：《中国人文社会科学学术合作特征演变研究》，《情报杂志》2018 年第 6 期。

侯怀银、时益之：《中国教育学元研究的探索：历程、进展和趋势》，《中国教育学刊》2019 年第 12 期。

胡顺顺、刘志民：《中国教育经济学研究的热点问题追溯——基于〈教育与经济〉（2011—2015）相关数据的文献计量分析》，《教育与经济》2016 年第 4 期。

胡志刚、侯海燕：《普赖斯对科学计量学的贡献和影响——基于对〈小科学，大科学〉一书的知识可视化分析》，《科学与管理》2014 年第 3 期。

华东师范大学：《教育实证研究华东师范大学行动宣言》，《华东师范大学学报》（教育科学版）2017 年第 3 期。

黄兆信、李炎炎、刘明阳：《中国创业教育研究 20 年：热点、趋势与演化路径——基于 37 种教育学 CSSCI 来源期刊的文献计量分析》，《教育研究》2018 年第 1 期。

贾永堂、罗华陶：《新中国高等教育发展道路的历史考察——基于后发展理论的分析》，《高等教育研究》2016 年第 5 期。

姜红贵：《参考文献著录规则发展的历史脉络及新国标研究》，《出版发行研究》2015 年第 11 期。

柯政：《教育科学知识的积累进步——兼谈美国教育实证研究战略》，《华东师范大学学报》（教育科学版）2017 年第 3 期。

李金昌：《大数据与统计新思维》，《统计研究》2014 年第 1 期。

李军、徐群：《中国教育政策改进七十年之若干反思——多维视角下的经验与启示》，《复旦教育论坛》2019 年第 5 期。

李梅、丁钢、张民选、杨锐、徐阳：《中国教育研究国际影响力的反思与前瞻》，《教育研究》2018 年第 3 期。

李泮泮、于晓敏：《中国教师教育研究的文献计量分析（2000—2012 年）》，《教师教育研究》2014 年第 3 期。

李鹏、朱德全、肖桐：《中国教育督导研究的现状与走势：文献计量分析的观点》，《上海教育科研》2016 年第 9 期。

李一杉、刘金松：《教育实证研究改善了学术论文的质量和影响力吗——以中国大陆教育学术研究领域为例》，《教育发展研究》2021 年第 9 期。

梁碧芬：《基于统计的期刊论文篇幅与质量的关系再论证——兼谈期刊发文量与影响力》，《广西教育学院学报》2017 年第 3 期。

梁静、任增元：《中国研究生教育研究进展的文献计量分析》，《现代教育管理》2015 年第 12 期。

刘贵华、张海军：《中国特色教育学科建设新成就——全国教育科学“十二五”规划回顾与前瞻》，《教育研究》2018 年第 8 期。

刘建丰：《致力于更具国际竞争力——美国高等教育改革发展的动向与启示》，《教育研究》2014 年第 5 期。

刘双阳、刘雁书、胡德华、莫新浪：《〈现代大学教育〉的核心竞争力研究：作者群分析》，《现代大学教育》2008 年第 5 期。

刘小强：《高等教育学学科分析：科学社会学的视角——引文分析基础上高等教育学学术思想之间的社会关系分析》，《现代大学教育》2009 年第 5 期。

刘小强、彭颖晖：《一流学科建设就是建设一流的学科生产能力》，《学位与研究生教育》2018 年第 6 期。

刘晓红：《中国农村学前教育发展中的问题、困难及其发展路向》，《学前教育研究》2012 年第 3 期。

刘旭东、吴永胜：《教育的学术品格与教育实践》，《教育研究》2015 年第 9 期。

陆晓红：《基于 Web of Science 的知识研究文献计量分析》，《情报科学》2009 年第 12 期。

吕晶：《中国教育实证研究中的定量方法：五年应用述评》，《华东师范大学学报》（教育科学版）2020 年第 9 期。

马智峰：《参考文献的引用及影响引用的因素分析》，《编辑学报》2009 年第 1 期。

潘黎、王素：《近十年来教育研究的热点领域和前沿主题——基于八种教育学期刊 2000—2009 年刊载文献关键词共现知识图谱的计量分析》，《教育研究》2011 年第 2 期。

彭知辉：《关于元研究的探索与思考》，《图书馆》2016 年第 11 期。

祁占勇、陈鹏、张旸：《中国教育政策学研究热点的知识图谱》，《教育研究》2016 年第 8 期。

邱淞、潘黎、侯剑华：《国际特殊教育研究的热点领域和前沿演进——基于 SSCI 中最有影响力的十种特殊教育期刊文献的计量和可视化分析》，《中国特殊教育》2013 年第 7 期。

任静静、赵兰香：《合作性学术研究及其绩效实证分析》，《科学学研究》2019 年第 5 期。

尚俊杰、裴蕾丝、吴善超：《学习科学的历史溯源、研究热点及未来发展》，《教育研究》2018 年第 3 期。

邵瑞华、张和伟：《基于合著论文和引文视角的学术交流模式研究——以图书情报学为例》，《情报杂志》2015 年第 12 期。

盛丽娜、顾欢：《SSCI 收录期刊不同学科 Article 和 Review 参考文献量的差异性分析》，《中国科技期刊研究》2018 年第 11 期。

汤建民：《国内教育学科论文合著情况研究——1998—2007 CSSCI 文献计量和作者合作图谱分析》，《浙江树人大学学报》（人文社会科学版）2010 年第 5 期。

唐淑：《中国农村幼儿教育的发展与变革》，《学前教育研究》2005 年第 6 期。

陶立方、杜利民：《文后参考文献数量与影响因子的关系探究》，《浙江师范大学学报》（自然科学版）2020 年第 1 期。

田依林、刘平平：《合著型论文对学术期刊影响力的贡献度评价研究》，《中国科技期刊研究》2020 年第 6 期。

王光明、李健、张京顺：《教育实证研究中的 p 值使用：问题、思考与建议》，《教育科学研究》2018 年第 2 期。

王嘉毅：《从移植到创新——改革开放 30 年来中国教学论学科的发展》，《教育研究》2009 年第 1 期。

王鉴、李泽林：《探寻课程与教学论研究的“知识地图”》，《教育研究》2019 年第 1 期。

王平：《参考文献引用原则的探讨》，《编辑学报》2004 年第 1 期。

王庭照、许琦、栗洪武、李录志：《中国师范生免费教育研究热点的领域构成与拓展趋势——基于 CNKI 学术期刊 2007—2012 年文献的共词可视化分析》，《教育研究》2013 年第 12 期。

王卫华：《教育思辨研究与教育实证研究：从分野到共生》，《教育研究》2019 年第 9 期。

王友富：《新旧版〈文后参考文献著录规则〉之比较》，《图书情报知识》2006 年第 1 期。

王志强、杨庆梅：《中国创业教育研究的知识图谱——2000—2016 年教育学 CSSCI 期刊的文献计量学分析》，《教育研究》2017 年第 6 期。

吴重涵：《教育实证研究中综述什么：研究方法论的视角》，《现代远程教育研究》2017 年第 1 期。

肖非：《中国的随班就读：历史 · 现状 · 展望》，《中国特殊教育》2005 年第 3 期。

谢丽斌、董颖、吴德志：《基于 Pajek 的科研领域合作关系网络特征分析》，《图书馆》2016 年第 7 期。

熊泽泉、段宇锋：《论文早期下载量可否预测后期被引量？——以图书情报领域期刊为例》，《图书情报知识》2018 年第 4 期。

徐辉、季诚钧：《高等教育研究方法现状及分析》，《中国高教研究》2004 年第 1 期。

阎光才：《如何理解中国当下教育实证研究取向》，《大学教育科学》2020 年第 5 期。

阎光才：《学术影响力评价的是非争议》，《教育研究》2019 年第 6 期。

杨成荣、张屹山、张鹤：《基础教育公平与经济社会发展》，《管理世界》2021 年第 10 期。

杨瑞仙、李贤：《科学合作与论文影响力之间的相关性研究》，《现代情报》2019 年第 4 期。

杨小微：《迈向 2035：中国教育现代化的目标定位》，《华中师范大学学报》（人文社会科学版）2019 年第 5 期。

叶继元：《学术期刊的质量与创新评价》，《浙江大学学报》（人文社会科学版）2013 年第 2 期。

叶澜、陈桂生、瞿葆奎：《向着科学化的目标前进——试述近十年中国教育研究方法的演进》，《中国教育学刊》1989 年第 3 期。

佚名：《解放思想，立足实践，为科教兴国的千秋伟业作贡献——中国教育科学研究二十年回顾与展望》，《教育研究》1998 年第 9 期。

尹弘飚：《教育实证研究的一般路径：以教师情绪劳动研究为例》，《华东师范大学学报》（教育科学版）2017 年第 3 期。

俞立平、万晓云、王作功：《载文量、引文量与影响因子关系的时间演变研究——以科学学与科技管理类期刊为例》，《情报杂志》2018 年第 8 期。

袁振国：《科学问题与教育学知识增长》，《教育研究》2019 年第 4 期。

袁振国：《实证研究是教育学走向科学的必要途径》，《华东师范大学学报》（教育科学版）2017 年第 3 期。

岳洪江、刘思峰：《管理科学期刊引证指标的灰色关联研究》，《科学学研究》2008 年第 1 期。

曾荣光、罗云、叶菊艳：《寻找实证研究的意义：比较－历史视域中的实证主义之争》，《北京大学教育评论》2018 年第 3 期。

曾天山：《义务教育体制改革的回顾与思考》，《教育研究》1998 年第 2 期。

张斌、程晨、张帅、虞永平：《事业发展视角下学前教育实证研究的知识生产与价值引领——基于 2015—2019 年样本文献的梳理与分析》，《华东师范大学学报》（教育科学版）2020 年第 9 期。

张斌贤、陈瑶、祝贺、罗小莲：《近三十年中国教育知识来源的变迁——基于〈教育研究〉杂志论文引文的研究》，《教育研究》2009 年第 4 期。

张道民：《元研究与反思方法及其在软科学研究中的地位和作用》，《中国软科学》1991 年第 3 期。

张军、慕慧鸽：《中德国立科研机构高被引论文核心作者特征状况研究》，《情报杂志》2016 年第 2 期。

张垒：《论文高被引的参考文献特征及其对影响因子贡献研究》，《情报科学》2016 年第 8 期。

张倩：《国内外 6 种科技期刊刊载论文长度的统计分析》，《现代情报》2002 年第 4 期。

张玉华、潘云涛:《科技论文影响力相关因素研究》,《编辑学报》2007年第2期。

张媛、蔡建东:《中国学前教育研究二十年——基于〈学前教育研究〉的文献计量分析》,《学前教育研究》2014年第1期。

赵志纯、安静:《中国实证范式的缘起、本土特征及其之于教育研究的意义——兼论中西实证范式脉络的异同》,《全球教育展望》2018年第8期。

赵志纯、何齐宗、安静、陈富:《中国高等教育学术研究的演变与发展趋势(1980—2019)——基于对六个CSSCI高等教育源刊的大数据分析》,《高等教育研究》2020年第4期。

赵志纯、王嘉毅:《建构实在论与中国当下教育科学研究的省思》,《华东师范大学学报》(教育科学版)2014年第2期。

中央教科所“农村学前教育项目”课题组:《中国农村幼儿教育体系的探索》,《学前教育研究》1995年第4期。

钟伟金、李佳、杨兴菊:《共词分析法研究(三)——共词聚类分析法的原理与特点》,《情报杂志》2008年第7期。

钟文娟:《〈教育与经济〉1985—2009年核心作者测定与分析》,《教育与经济》2011年第1期。

朱大明:《研究型论文与综述型论文引文量的对比分析》,《编辑学报》2010年第1期。

朱德全、杨鸿:《新时期教学论研究的现状与走向》,《教育研究》2009年第3期。

朱军文、马银琦:《教育实证研究这五年:特征、趋势及展望》,《华东师范大学学报》(教育科学版)2020年第9期。

朱宇、蔡武:《华文教育研究的热点主题与演进趋势——基于CSSCI(1998—2017)的文献计量与知识图谱分析》,《厦门大学学报》(哲学社会科学版)2019年第2期。

马凤：《国内外科学计量学的比较研究》，博士学位论文，武汉大学，2012 年。

（三）其他

中华人民共和国人民政府：《国务院关于基础教育改革与发展的决定》，2001 年 5 月 29 日，http：//www. gov. cn/gongbao/content/2001/content_60920. htm，2021 年 10 月 8 日。

教育部：《教育部关于加强新时代教育科学研究工作的意见（教政法〔2019〕16 号）》，2019 年 10 月 30 日，http：//blog. sina. com. cn/s/blog_4bff4c09010147pw. html，2021 年 12 月 12 日。

教育部：《中国教育改革和发展纲要》，1993 年 2 月 13 日，http：//www. moe. gov. cn/jyb_ sjzl/moe_ 177/tnull_ 2484. html，2021 年 10 月 8 日。

王竹立：《我为什么不太欣赏教育领域的某些实证研究?》，2012 年 9 月 12 日，http：//blog. sina. com. cn/s/blog_ 4bff4c09010147pw. html，2021 年 10 月 18 日。

二　英文

Duy J.，Vaughan L.，"Can Electronic Journal Usage Data Replace Citation Data as a Measure of Journal Use? An Empirical Examination"，*The Journal of Academic Librarianship*，Vol. 32，No. 5，September 2006.

Hanson T.，Cox J.，"A Comparative Review of Two Diskette-based Current Awareness Services"，*Database*，Vol. 1，No. 6，January 1993.

Jun Li，Jian Li，"Educational Policy Development in China in the 21st Century：A Multi-flows Approach"，*Beijing International Review of Education*，Vol. 1，No. 1，March 2019.

Knorr K. D.，Mittermeir R.，"Publication Productivity and Professional Position：Cross-national Evidence on the Role of Organizations"，*Scien-*

tometrics, Vol. 2, No. 2, 2005.

Merton R. K. , "The Matthew Effect in Science", *Science*, Vol. 159, No. 3810, December 1968.

Naudé F. , Comparing downloads, "Mendeley Readership and Google Scholar Citations as Indicators of Article Performance", *The Electronic Journal of Information Systems in Developing Countries*, Vol. 78, No. 1, March 2017.

Nevenka Pravdić, Vesna Oluić-Vuković, "Dual Approach to Multiple Authorship in the Study of Collaboration/Scientific Output Relationship", *Scientometrics*, Vol. 10, No. 5 - 6, 2005.

OECD, *Frascati Manual* 2015: *Guidelines for Collecting and Reporting Data on Research and Experimental Development*, *The Measurement of Scientific*, *Technological and Innovation Activities*, Paris: OECD Publishing, 2015.

S. Lawani, "Some Bibliometric Correlates of Quality in Scientific Research", *Scientometrics*, Vol. 9, No. 1 - 2, 2005.

Samuel Enoch Stumpf, James Fieser, *Socrates to Sartre and Beyond*: *A History of Philosophy* 8*th*, New York: McGraw Hill, 2007.

Solla Price, Donald Beaver, "Collaboration in an Invisible College", *The American Psychologist*, Vol. 21, No. 11, October 1966.

Sooho Lee, Barry Bozeman, "The Impact of Research Collaboration on Scientific Productivity", *Social Studies of Science*, Vol. 35, No. 5, June 2005.

后　　记

自20世纪70年代末期以来，中国实施了伟大的改革开放政策，教育学研究从此乘着改革的东风飞速发展，如今已四十年有余。本书以元研究为径路取向，以科学计量学和大数据分析为基础，对中国教育学研究的成长轨迹进行适时的回顾、反思与展望，希冀抛砖引玉，引起学界对教育学研究这一元问题的更多关注与讨论。

全书共分为七章。第一章“中国教育学术研究的成长轨迹”主要从宏观的视野出发，整体概述了我国教育学研究的发展轨迹。第二章至第五章分别从中国的高等教育研究、研究生教育研究、学前教育研究、特殊教育研究等不同的学科领域出发，对各自的学术特点与趋势进行了回顾、反思与展望。第六章“中国教育实证研究的知识生产状况及其反思”主要对中国教育实证研究的知识生产状况进行了元实证研究。第七章“中国教育研究的学术承继性分析”主要以参考文献量为指标，对中国教育研究的学术承继性展开实证与对比分析。

作为课题项目的成果，本书是研究团队整体智慧的结晶。本人在研究中主要负责课题项目的整体规划与实施，以及全书的整体统稿。各章的具体执笔人如下：赵志纯（第一章、第二章）、安静（第三章、第四章）、王有春（第五章、第六章、第七章）。

本书在出版方面特别感谢江西师范大学教育学原理方向的硕士研

究生陈昌、王培琳、王肇怡，他们在书稿的格式修改、文字校对方面也协助本人做了诸多工作。

由于时间精力与水平所限，文中难免存在不足与问题，敬请各位读者批评指正！

安静

2023 年 3 月 20 日